▲普通高等院校物流管理类"十四五"精品

经营模拟
实训教程

编著

王文鹏

大连理工大学出版社
Dalian University of Technology Press

图书在版编目(CIP)数据

经营模拟实训教程 / 王文鹏编著. -- 大连 : 大连理工大学出版社, 2024. 12. -- ISBN 978-7-5685-5228-8(2024.12重印）

Ⅰ. F272.3

中国国家版本馆 CIP 数据核字第 2024GP0706 号

JINGYING MONI SHIXUN JIAOCHENG

大连理工大学出版社出版

地址：大连市软件园路80号　　邮政编码：116023
营销中心：0411-84707410　84708842　邮购及零售：0411-84706041
E-mail：dutp@dutp.cn　　URL：https://www.dutp.cn
辽宁星海彩色印刷有限公司印刷　　大连理工大学出版社发行

幅面尺寸：185mm×260mm	印张：12.75	字数：343千字
2024年12月第1版		2024年12月第2次印刷
责任编辑：邵　婉　张　娜		责任校对：朱诗宇
	封面设计：奇景创意	

ISBN 978-7-5685-5228-8　　　　　　　　　　　定价：49.50元

本书如有印装质量问题，请与我社营销中心联系更换。

前　言

有用与有趣

在我们生活的世界中，经营管理是社会运作的重要支柱，其背后的理论与实践无时无刻不在影响着生活的质量与效率。然而，传统的学习方式往往难以生动展现经营管理的复杂性与挑战性。于是，"经营模拟"应运而生，它以一种"有用且有趣"的方式，将管理知识寓教于乐，让理论知识在虚拟实践中得以鲜活体现。

经营模拟作为一种体验式的教学方式，是继传统教学及案例教学之后的一种教学创新。从最为普及的企业经营沙盘模拟中可以看出，这一类实训课程融理论与实践于一体，集角色扮演与岗位体验于一身，可以使学生在参与、体验中完成从知识到技能的转化。

这一类实训项目具有的共性包括：参与者通常以团队形式进行整体运营，同时根据企业目标进行角色定位或角色轮换，根据市场信息和竞争规则来决策，并最终对各团队的经营成果进行分析比较和总结。

本书旨在搭建一座跨越抽象理论与具体实践之间的桥梁，通过精心设计的12个实训模块，将路线规划、约束满足、车辆路径以及生产运营这四大管理科学领域的关键问题转化为生动有趣的模拟情境，力求激发参与者的学习热情，重塑学习曲线，从而更高效地掌握管理的实质内涵。

我们先来讨论经营模拟的"有用"。

经营模拟应用于管理学教学是一个值得探讨的问题。首先，管理学的研究对象是生产领域和流通领域的一切物料流以及有关的资金流、信息流等，研究的目的是对其进行科学规划、管理与控制，以解决社会经济活动中流通成本上升的问题。管理属于应用科学的范畴，它的产生与发展与经济实际和生产实际密切相关，该门学科的强大生命力在于它的实践性，其研究的出发点和归宿点都是为社会实践服务。而教学的对象是几乎没有实际工作经验的学生，他们在对管理类相关课程进行理论学习之后，由于缺少现场实践的机会，并受到教材中文字描述和数学模型及方法的影响，往往不能理解现实问题的综合性、复杂性，以及现实中决策往往受到决策者行为方式等因素影响的特点，这些认识与实际中存在的巨大误解急需实验、实训等环节来修正。如果教师在教学中仅仅讲授理论知识，其教学效果是可以想象的。

与之相较，经营模拟显示出它的独有优势。它提供了一个近乎真实的商业环境。参与者扮演各类经营角色，从战略规划到日常运营，从人力资源配置到市场策略制定，每一个决策都需基于经济学原理、管理学理论以及对现实市场的洞察。这种沉浸式的学习体验，使得抽象的商业概念和管理理论变得具象化，使学习者在解决经营模拟问题时，潜移默化地理解和掌握了经营管理的核心要义。

我们再来讨论经营模拟的"有趣"。

经营模拟打破了传统教育模式的束缚，将枯燥的知识点融入富有挑战性和趣味性的类似游戏的过程中。参与者在享受游戏乐趣的同时，也在应对市场变化、抵御竞争压力、挖掘商机的过程中，锻炼了决策能力、创新思维和团队协作精神。这种"玩中学，学中玩"的过程，极大地提升了知识的吸收效率和运用能力，使得学习不再是一种负担，而是充满探索乐趣的过程。

设计开发经营模拟实训项目的关键问题主要集中于情景的模拟，也就是规则设计是否能够真实再现学生所能理解和未来面临的真实态势，并保证其科学性、先进性和专业性特点，同时具备一定竞争强度，这样才能确保达到相应的教学目的。学生在经营过程中遇到各种可能情况，做出相应的经营决策，以及对出现的问题和结果进行分析和评估，从而对企业经营有更真实的体验和更深刻的理解，加强实践意识，提升实际操作能力。

综上，融合了"内容有用"与"形式有趣"的经营模拟不仅仅是一种教学方法的丰富，更是一种教育思想和观念的更新。

在将近十年的实训项目设计、开发、实施、优化过程中，我们也发现，经营模拟教学对于指导教师也可谓挑战性十足的"教学模拟"，本书也对以下这些关键问题给出了相应的解决方案和方法论支持。

首先，应始终围绕明确的教学目标。教师有针对性地运用可调配的资源及成员的专业知识，鼓励参与者或团队的积极参与和精心筹划，通过独立思考与集体协作，对运作过程进行分析、研究和讨论，探讨解决问题的各种可能方案，并作出相应的决策，这一过程将显著提高学生理论水平和实践能力。

其次，应精心设计讲解、指导、点评和总结过程。由于实训过程相对较长，参与者众多，除背景和规则介绍相对固定外，其他进程控制点均具备不确定性、多样性和动态性特征，这样对于教师的要求会高于其他课程实践环节，甚至具有案例分析课程的特点。

最后，应妥善处理形式与内容的关系。寓教于乐是结果，也是过程，加入游戏化元素的经营模拟过程互动性强、直观易懂，教师应引导学生沉浸于不断试错、迭代优化的心流状态，更要激发他们自主探究的积极性，形成持久的学习动力。

经营模拟实训项目恰似一座桥梁，一端连接着严谨深奥的知识体系，另一端则通向充满活力和挑战的游戏世界。它巧妙地融合了"有用"与"有趣"，让学习者在沉浸式体验中深化对经营管理的理解，同时也能通过实战演练提升解决问题的能力。因此，无论是对于在校学生、职场人士，经营模拟实训都是一个极佳的辅助学习工具，在轻松愉快的氛围下，深入浅出地掌握并应用管理知识，为现实生活中的商业实践打下坚实的基础。

期待每一位读者都能在阅读过程中收获知识，感受乐趣，真正实现"有用与有趣"的完美结合。

编著者
2024 年 8 月

使用指南

使用场景

　　课程嵌入：适用于不同学历层次的学生群体。

　　无缝衔接各类管理学科及其关联课程的教学活动。无论是深入的理论讲授、严谨的实验室实践操作，还是贴近职场的实训演练，都能借此平台全面开展，确保学员在课堂内外都能深度理解和运用管理知识。

　　能力提升：针对企业内部各层级员工及持续进修的在职学员。

　　提供一套综合性的培训体系，旨在系统传授行业专业知识，锤炼实操技能，同时注重组织内团队精神的熔铸和思维方式的拓展，助力他们在战略思维、团队协作及问题解决等方面实现质的飞跃。

　　思维启发：适合善于学习、勤于思考、勇于挑战、乐于探索的个体。

　　思维训练内容以其内在的兴趣驱动力为核心，旨在打造一个鼓励创新、促进认知升级的互动学习环境，让参与者在趣味与求知的双重激励下不断提升自身的综合素质和适应能力。

教程架构

　　本书共分为 4 个实验，每个实验均设立 3 个既相互关联又具有独立功能的实训模块。各个实训模块的构建遵循如下架构：

　　1. 设计思路：详尽阐述设计初衷与实际需求，剖析"为何如此设定目标"及"所需达成的核心内容"，旨在与教育者共享深层次的教学策略和目标内涵。

　　简言之，探讨"为什么"和"是什么"。

　　2. 实训模块：3 个实训模块均包括详尽的准备工作指南、透彻的规则系统解读，以及具体的实例演示。这部分旨在通过教师的讲解和示范，直观解答参与者心中的"具体操作步骤"和"应当完成的任务"等问题。

　　简言之，通过教师讲解和示范"怎么做"，参与者清楚"做什么"。

　　3. 使用说明：聚焦于实训进程的掌控技巧和关键知识点的精要提示。教师通过实时指导和评估，对参与者行为的比较分析，协助他们领悟"何种方法更为有效"和"何为最优实践方式"，从而切实提升参与者在具体操作中的反思能力和优化意识。

　　简言之，通过指导、评估参与者"这样做"和"那样做"，使其理解"怎样好"。

使用步骤

建议每个实训模块按照以下7个步骤进行：

1. 先修课程：以知识作为基础。

教师在教学过程中需对应覆盖各实训模块涉及的知识点，包括但不限于运筹学、最优化技术、运营管理、管理决策、营销管理及物流管理等课程。为了确保实训环节的有效性，这些与实训内容紧密相关的理论知识点应在实训启动前得到充分且适时的讲解和预习。

考虑学生或学员的既有知识背景与实际需求，亦可采取将实训环节前置的方式。在实训进行期间或结束后，教师及时跟进并阐明与实训直接相关的知识点，从而更好地促使理论知识与实践经验相辅相成，深度融合。

2. 实验准备：以道具营造环境。

所有实训模块均能在标准教室环境中实施，仅需配备满足教师讲解、演示的教学设施，学生无须依赖计算机、手机等个人电子设备。此外，各个实训模块也兼容数字化学习方式，参与者可选择下载配套的本书电子资源，在个人计算机上完成相关实训任务。

人员组织：针对不同的实训模块，可灵活设置参与者的组织形式，涵盖了从独立操作、团队协作的不同模式。在实训启动前即可预先划分组，在实训进程中也可视情况动态调整小组构成，以适应不同层次和强度的竞争情境。

利用数字化资源时，大多数实训项目支持单个学员独立自主地完成。

材料道具：各实训模块所必需的材料与道具详尽列明于相应章节的"实训预备"部分，其中包括详尽的文字指南、数据资料，以及特制的棋盘、纸牌、表格类辅助器具等实物道具。

目前，所有实训所需的材料和道具均已开发了数字化版本，并能够自动生成相关实训数据，这意味着实训完全可以在无实体道具的情况下依靠电子化手段顺利完成。

3. 讲解示范：以规则构建机制。

规则讲解：本书所有实训模块的规则均强调构建游戏空间，以动态反馈持续地衡量参与者的行动方案，适用于变化复杂、强调技巧的场景，培养其依据所处局面合理判断实施恰当的行动方案的能力。教师需要向参与者全面细致地讲解规则。根据实训活动的具体进展和实际情况，适时融入"补充规则"也是教学过程中的重要环节，阶段性地调整和完善实训流程，确保训练效果的最优化。

操作示范：为了帮助参与者深入理解和掌握规则，教师应当提供实例演示，这有助于直观展现实训过程中的动态变化，并有效引导参与者跟进这些变化，从而实现预定的教学目标。

4. 模拟运行：以行动完成交互。

行动纪律：大多数实训模块采用"回合制"，参与者需严格遵循行动规则与秩序，确保实训活动顺畅推进。

核心循环：在规则构建的机制中，参与者需不断地适应并调整自身策略，回应相似又变化的模拟情景，力求累积更多优势与成效，从而实现价值的最大化。

5. 评定总结：以评估达成反馈。

计分排名：在过程中和结束时，探究参与者表现与排名之间的关联，揭示深层规律。

表现总结：强化获胜者的荣誉感，补足落后者的缺憾，提出典型的改善建议。

6. 实训结束：以思考实现目标。

成绩评定：大多数实训模块依托记录表格进行成绩评定，既能体现参与者差异，又能简化书面报告的撰写。

7. 反思复盘：参与者需对自身或团队的表现深刻反思，教师对实训流程全面复盘，共同提炼经验教训，升华实训成果的价值。

学习资源

本书所有材料和道具都有数字化版本，可以不借助任何实体道具完成实训过程。教师可以在出版社网站注册后下载相应的资料，包括"规则"（讲稿）和"实例"（习题与答案）课件、全彩图表等。

目　　录

实验 1　路线规划 ·· 1
导航 ··· 1
设计思路 ··· 1
　　一、目标设定 ··· 1
　　二、需求分析 ··· 1
实训模块 1　逆旅 ··· 2
　　一、实训准备 ··· 2
　　二、规则讲解 ··· 3
　　三、进程实例 ··· 4
实训模块 2　征途 ··· 6
　　一、实训准备 ··· 6
　　二、规则讲解 ··· 6
　　三、进程实例 ··· 8
实训模块 3　偕行 ··· 12
　　一、实训准备 ··· 12
　　二、规则讲解 ··· 12
　　三、进程实例 ··· 13
使用说明 ··· 15
　　一、进程控制 ··· 15
　　二、要点指导 ··· 16

实验 2　约束满足 ·· 17
导航 ··· 17
设计思路 ··· 17

一、目标设定	17
二、需求分析	17
实训模块1　故国	18
一、实训准备	18
二、规则讲解	21
三、进程实例	25
实训模块2　天下	30
一、实训准备	30
二、规则讲解	30
三、进程实例	37
实训模块3　千里	40
一、实训准备	40
二、规则讲解	40
三、进程实例	43
使用说明	48
一、进程控制	48
二、要点指导	49

实验3　车辆路径　　50

导航	50
设计思路	50
一、目标设定	50
二、需求分析	50
实训模块1　通达	51
一、实训准备	51
二、规则讲解	59
三、进程实例	62
实训模块2　经纬	85
一、实训准备	85
二、规则讲解	94

实训模块 3　宏图 ·· 106
　　一、实训准备 ··· 106
　　二、规则讲解 ··· 108
使用说明 ··· 123
　　一、进程控制 ··· 123
　　二、要点指导 ··· 124

实验 4　生产经营 ·· 126
导航 ··· 126
设计思路 ··· 126
　　一、目标设定 ··· 126
　　二、需求分析 ··· 126
实训模块 1　饕餮 ·· 127
　　一、实训准备 ··· 127
　　二、规则讲解 ··· 131
　　三、进程实例 ··· 133
实训模块 2　天成 ·· 146
　　一、实训准备 ··· 146
　　二、规则讲解 ··· 147
　　三、进程实例 ··· 151
实训模块 3　匠心 ·· 160
　　一、实训准备 ··· 160
　　二、规则讲解 ··· 165
　　三、进程实例 ··· 172
使用说明 ··· 191
　　一、进程控制 ··· 191
　　二、要点指导 ··· 192

实验 1

路线规划

导 航

本实验主要由"设计思路＋实训模块＋使用说明"三部分组成。

首先介绍实验的设计思路，然后展示实验"逐走"的整体方案，分别讲解三个实验模块的规则，并以实例示范实验进程，最后从进程控制和要点指导讲解实验的使用说明。

设计思路

一、目标设定

1. 设计一种围绕路线规划的经营模拟实验，形式上为棋类游戏，需要遵守行走规则，争取获胜，取得积分。

2. 规则设置既要清晰、简明地勾勒出路线规划问题的特征，又要积极、有效地驱动参与者强烈的融入意愿。以可选路线和预期效果组合变化为主的进程控制既要符合路线规划过程的拓展和延伸，又要满足参与者多样性和趣味性的预期。

3. 在实验过程中，参与者应该能够感受到路线规划问题的复杂性，能够认识到目标对行动的指导、他人与自身的冲突、长期与短期协调等形成的组合与制约关系，能够理解多人参与、连续行动形成的情景，最终完成兼具效率和效果的决策。

4. 最终设计方案"逐走"，包括三个实训模块：

（1）逆旅。模拟多名参与者共同完成任务、单独计算收益的路线规划过程。课时建议2课时。

（2）征途。模拟多名参与者分别完成任务、计算收益的路线规划过程，增加规划新路线的规则。课时建议2课时。

（3）偕行。与征途类似，分组对抗。课时建议2课时。

二、需求分析

1. 以棋局形式模拟复杂的路线规划问题，在行动中完成目标。

2. 需要相应的指标、动态反馈持续地衡量参与者的行动方案。
3. 需要以不同约束条件和评估标准的组合模拟变化，具备优化方向。
4. 需要简单、自明的道具辅助参与者标识状态、完成决策、衡量效果。
5. 需要包括相互关联、重点不同的实验内容，确保相关知识点的掌握。
6. 需要根据参与者状态适当调整要求和进度，确保兴趣的合理迁移。

实训模块 1　　逆旅

一、实训准备

1. 适用场景：裁决对局者的胜负关系或计算得分；类似合作与对抗、交流与行动的模拟过程训练。

2. 对局角色：玩家[①]四人，裁判一人（可选）。

3. 准备材料：棋子与棋盘。

（1）棋子。单色、圆形，尺寸以置入方格不超出边界为宜，最多 80 个，可以硬币、代币等替代。

（2）棋盘。方块棋盘如图 1-1 所示。

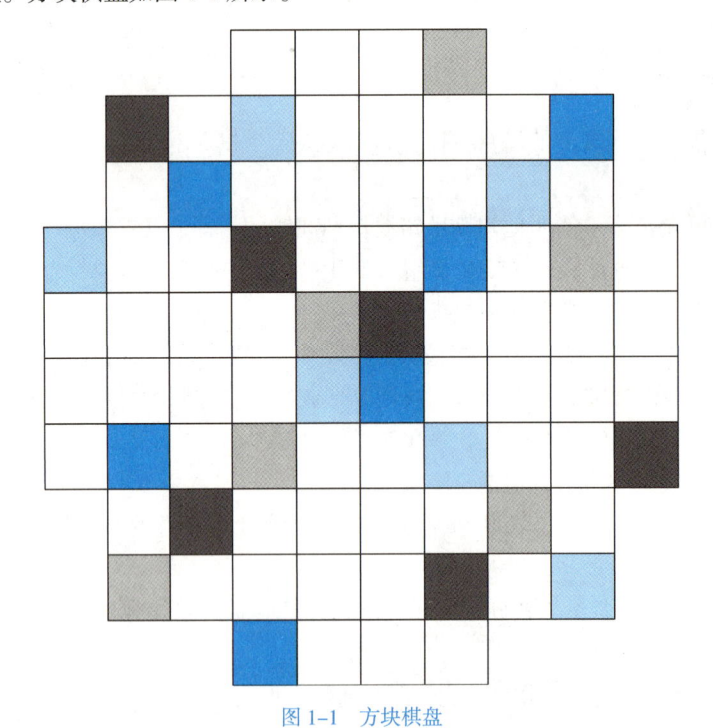

图 1-1　方块棋盘

[①] 玩家，实验的参与者，与另一类实验的参与者、裁判相对应，下文同。

二、规则讲解

1. 确定流程：每一局包括就座、标记、落子三个阶段。

流程开始前，确定回合数和胜负判定依据，以及公布流程所需所有参数。

（1）就座。玩家随机就座，依顺序确定对应颜色的棋子（红■—蓝■—绿■—黄■）。

（2）标记。随机将地图上的两个格子标记为起点和终点。

（3）落子。形式上为每人依次行动，在棋盘上放置一枚棋子。

落子须符合以下规则：

第一人必须落子在起点；必须在上家落子格子的相邻格子中进行选择，不能选择已经落子的格子，相邻格子中有与自己棋子颜色相同的必须选择；某一玩家走到终点，或无路可走，棋局结束。

2. 裁决

（1）判定。走到终点者，即为第一名，下家依次排序为第二、第三、第四名。

无路可走者，即为第四名，下家依次排序为第三、第二、第一名。

（2）计分。第一名获得所有落子数目一半的棋子作为积分，第二名获得第一名取走之后剩余落子数目一半的棋子作为积分，第三名、第四名依此类推获得积分。

计分之前，落子数目若为奇数，则去掉一个，再减半计算。

不同落子数目情况下的积分分配示例见表 1-1。

表 1-1　　　　　　　　　　　　　积分分配示例

落子数目	第一名	第二名	第三名	第四名
7	3	1	0	0
16	8	4	2	1
50	25	12	6	3

3. 补充规则

（1）对局总数。事先确定，或以累计得分判定最终胜负。

（2）三名玩家。玩家依顺序与三种颜色的棋子分别对应；标记、落子规则不变。

（3）位置更换。棋局开始之前，任一玩家可提出与另一玩家对换棋子颜色，双方需连同位置、落子顺序一起对换；每局前仅允许一人提出对换；在约定的对局数中，每一玩家仅能提出一次对换。

（4）交流限制。在某一玩家行动之前，其他玩家可为其可能的选择做出分析，言辞应简洁，且仅供参考，不能胁迫行动玩家做出最终决定。

（5）其他情况。无裁判、出现上述规则及约定未提及的情形，需双方重新商定，确保公平性和可行性。

三、进程实例

1. 实例一：四人局

甲、乙、丙、丁四人对局，分别执红 ■ —蓝 ■ —绿 ■ —黄 ■ 棋子。

初始状况如图 1-2 所示。

对局状况如图 1-3 所示。

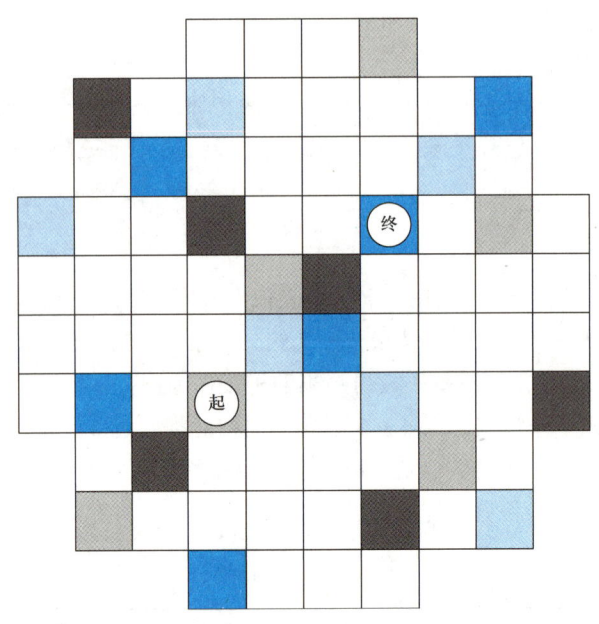

图 1-2 初始状况

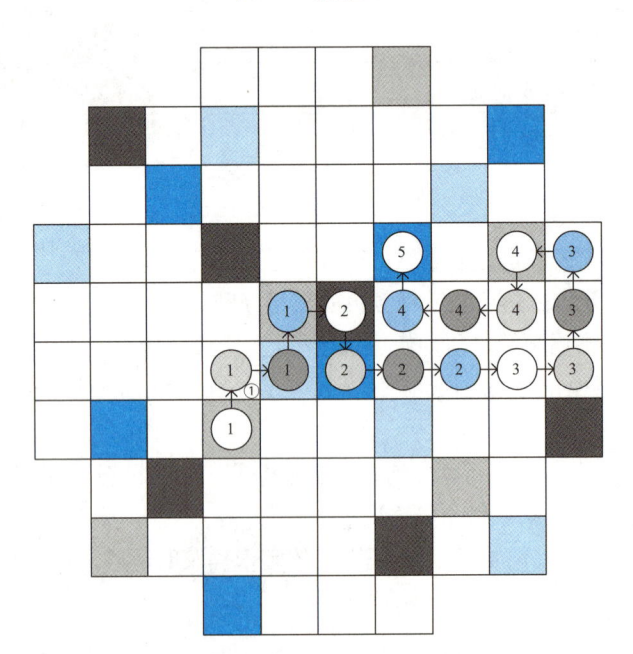

图 1-3 对局状况（注：箭头为落子方向）

---

① 箭头方向代表落子方向，下文同。

落子状况见表 1-2。

排名及计分状况见表 1-3。

表 1-2　　　　　　　　　　　　　落子状况

回合 / 玩家	甲（红）	乙（蓝）	丙（绿）	丁（黄）
第一回合	起点	↑	→必须	↑必须
第二回合	→必须	↓必须	→	→
第三回合	→	→	↑	↑
第四回合	←	↓	←	←
第五回合	↑终点 1	终点 2	终点 3	终点 4

表 1-3　　　　　　　　　　　　　排名及计分状况

	甲（红）	乙（蓝）	丙（绿）	丁（黄）
排名	1	2	3	4
计分	8	4	2	1

2. 实例二：四人局

甲、乙、丙、丁四人对局，分别执红■—蓝■—绿■—黄■棋子。

初始状况（图 1-2）。

对局状况（图 1-4）。

落子状况（表 1-4）。

排名及计分状况（表 1-5）。

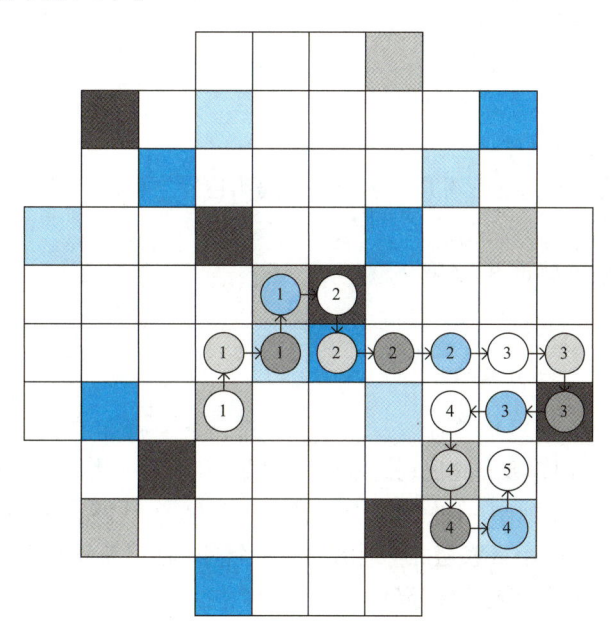

图 1-4　对局状况

表 1-4　　　　　　　　　　　　　　　对局状况

回合/玩家	甲（红）	乙（蓝）	丙（绿）	丁（黄）
第一回合	起点	↑	→必须	↑必须
第二回合	→必须	↓必须	→	→
第三回合	→	→	↓	←
第四回合	←	↓	↓	→
第五回合	↑	无路 1	无路 2	无路 3

表 1-5　　　　　　　　　　　　　　排名及计分状况

	甲（红）	乙（蓝）	丙（绿）	丁（黄）
排名	1	4	3	2
计分	8	1	2	4

实训模块 2　　征途

一、实训准备

1. 适用场景：裁决对局者的胜负关系或计算得分；类似合作与对抗、交流与行动的模拟过程训练；

2. 对局角色：玩家四人，裁判一人（可选）。

3. 准备材料：棋子与棋盘。

（1）棋子。单色、圆形，尺寸以置入方格不超出边界为宜，最多 80 个，可以硬币、代币等替代。

（2）棋盘。蜂巢棋盘如图 1-5 所示。

二、规则讲解

1. 确定流程：每一局包括就座、标记、落子三个阶段

流程开始前，确定回合数和胜负判定依据，以及公布流程所需所有参数。

（1）就座。玩家随机就座，依顺序确定对应颜色的棋子（红■—蓝■—绿■—黄■）。

（2）标记。分别为每个玩家随机将地图上的四个格子标记为其的起点。

（3）落子。形式上为每人依次行动，在棋盘上放置一枚棋子。

落子须符合以下规则：

每人的第一子必须落在起点；随后必须在自己上次落子格子的相邻格子中进行选择，不能选择已经落子的格子，相邻格子中有与自己棋子颜色相同的必须选择；某一玩家无路可走时，落子结束；所有玩家均无路可走时，棋局结束。

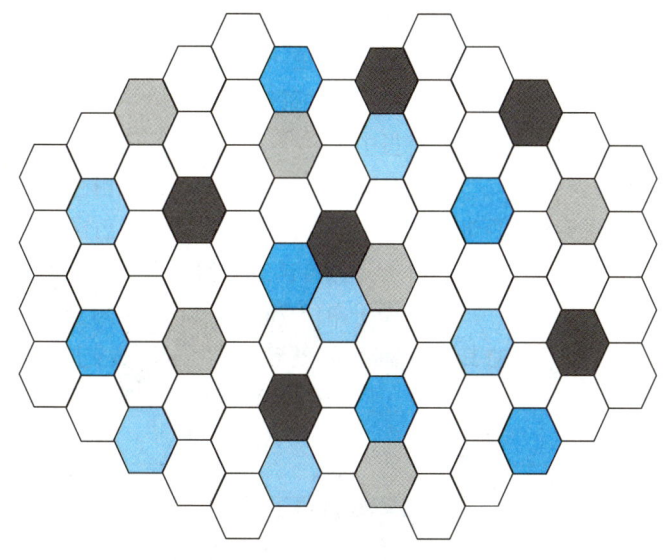

图 1-5　蜂巢棋盘

2. 裁决

（1）判定。棋局结束时按落子数目多少依次排序为第一、第二、第三、第四名；如，落子最多的玩家，即为第一名。棋子数相同的玩家，后落子的玩家名次靠前。

（2）计分。第一名获得积分为自己落子数目乘四，第二名获得积分为自己落子数目乘二，第三名获得积分为自己落子数目，第四名获得积分为自己落子数目的一半，下取整。

3. 补充规则

（1）对局总数。事先确定，或以累计得分判定最终胜负。

（2）三位玩家。玩家依顺序与三种颜色的棋子分别对应；标记、落子规则不变。

（3）位置更换。棋局开始之前，任一玩家可提出与另一玩家对换棋子颜色，双方需连同位置、落子顺序一起对换；每局前仅允许一人提出对换；在约定的对局数中，每一玩家仅能提出一次对换。

（4）交流限制。在某一玩家行动之前，其他玩家可为其可能的选择做出分析，言辞应简洁，且仅供参考，不能胁迫行动玩家做出最终决定。

（5）后发补偿。最后行动的玩家有且仅有一次连下两步的机会，可以确定为任意一次行动时，或任意一次在与自己棋子颜色相同的格子中落子之后。

（6）其他情况。无裁判、出现上述规则及约定未提及的情形，需双方重新商定，确保公平性和可行性。

三、进程实例

1. 实例一：四人局

甲、乙、丙、丁四人对局，分别执红■—蓝■—绿■—黄■棋子。

初始状况（图1-6）。

对局状况（图1-7~图1-9）。

落子状况（表1-6、表1-7）。

排名及计分情况（表1-8）。

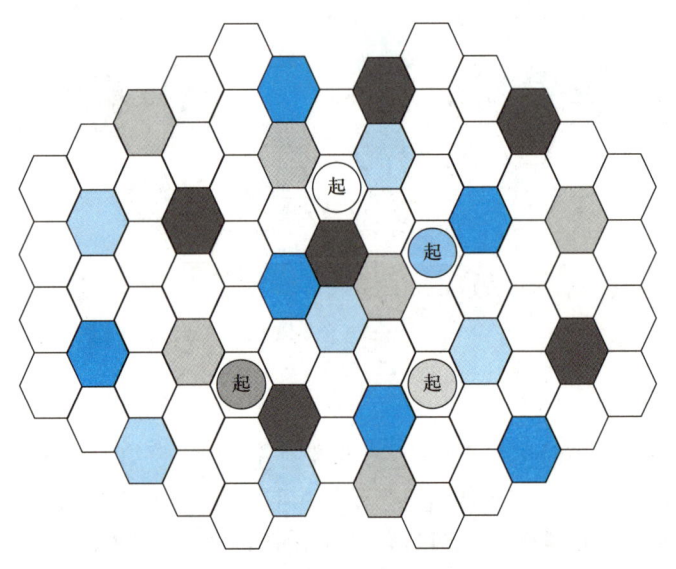

图1-6 初始状况

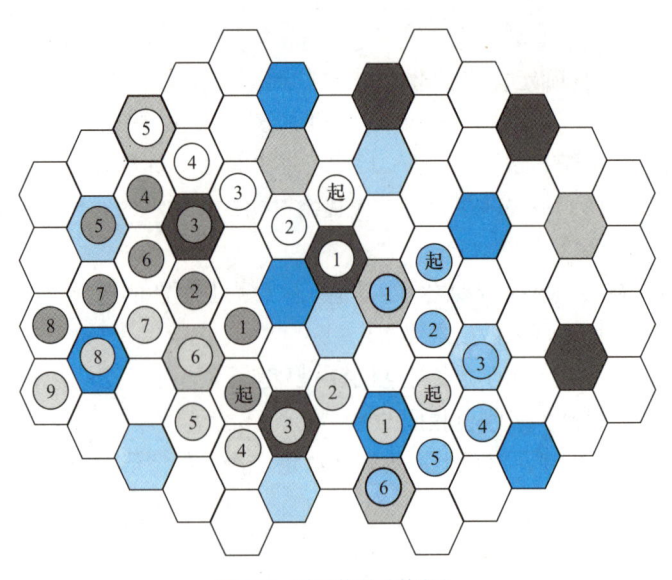

图1-7 对局状况（前段）

表 1-6　　　　　　　　　　　落子状况前段

回合/玩家	甲（红）	乙（蓝）	丙（绿）	丁（黄）
第一回合	↓必须	↙必须	↑	↙必须
第二回合	↑	↖	↑	↘
第三回合	↑	↙	↑	↘
第四回合	↑	↙	↖	↓
第五回合	↑	↖	↙必须	↙
第六回合		↑	↘	↙必须
第七回合		↖	↙	
第八回合		↙必须	↘	
第九回合		↙		

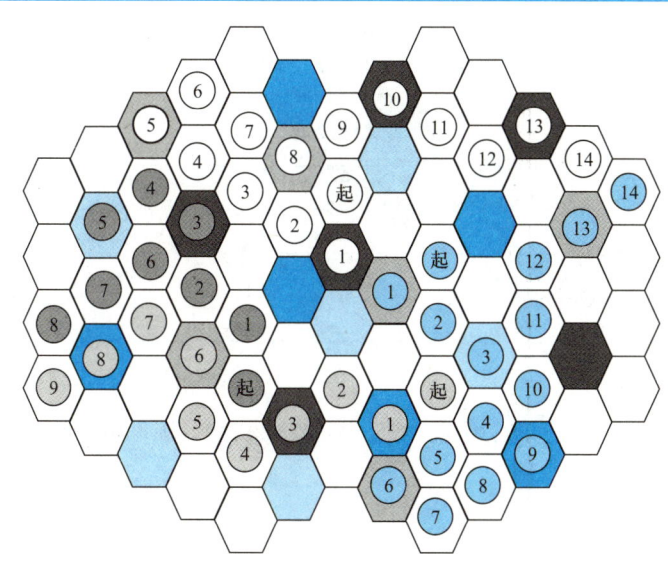

图 1-8　对局状况（中段）

表 1-7　　　　　　　　　　　落子状况中段

回合/玩家	甲（红）	乙（蓝）	丙（绿）	丁（黄）
第六回合	↗	↑	↘	↙
第七回合	↘	↖	↙	↘
第八回合	↘	↙必须	↘	↗
第九回合	↗	↙		↗
第十回合	↗必须			↑
十一回合	↘			↑
十二回合	↘			↑
十三回合	↗必须			↗必须
十四回合	↘			

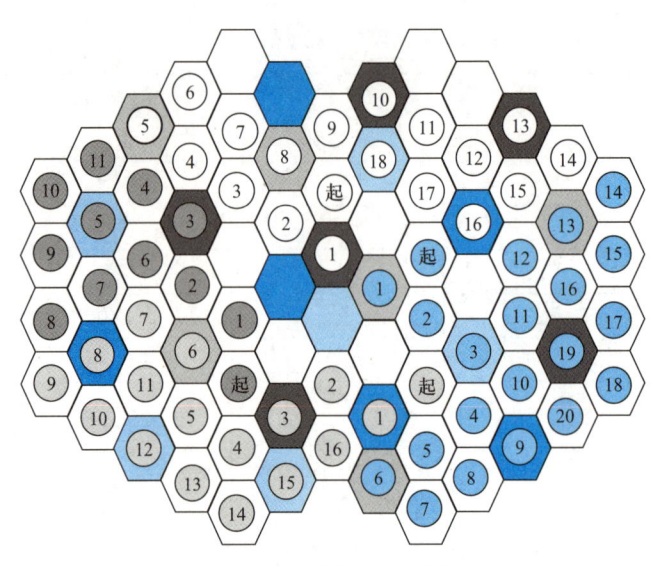

图 1-9 对局状况（末段）

表 1-8　　　　　　　　　　排名及计分情况

	甲（红）	乙（蓝）	丙（绿）	丁（黄）
落子	20	17	11	21
排名	2	3	4	1
计分	40	17	5	84

2. 实例一：四人局

甲、乙、丙、丁四人对局，分别执红■—蓝■—绿■—黄■棋子。

初始状况（图 1-10）。

对局状况（图 1-11）。

排名及计分情况（表 1-9）。

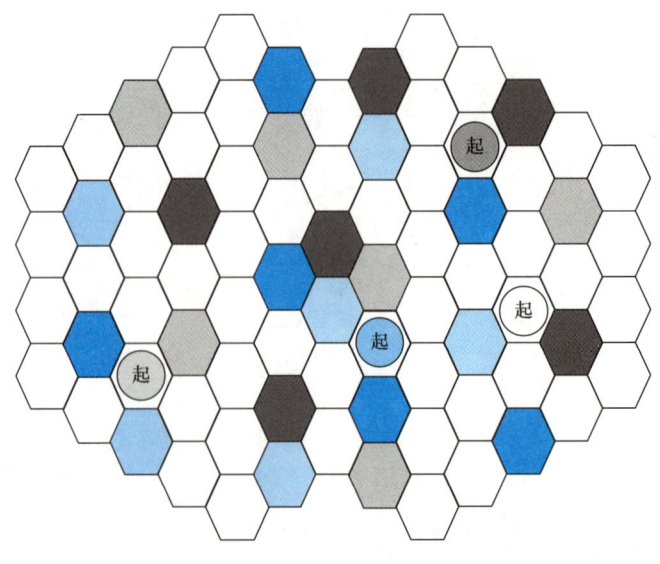

图 1-10　初始状况

实验 1　路线规划

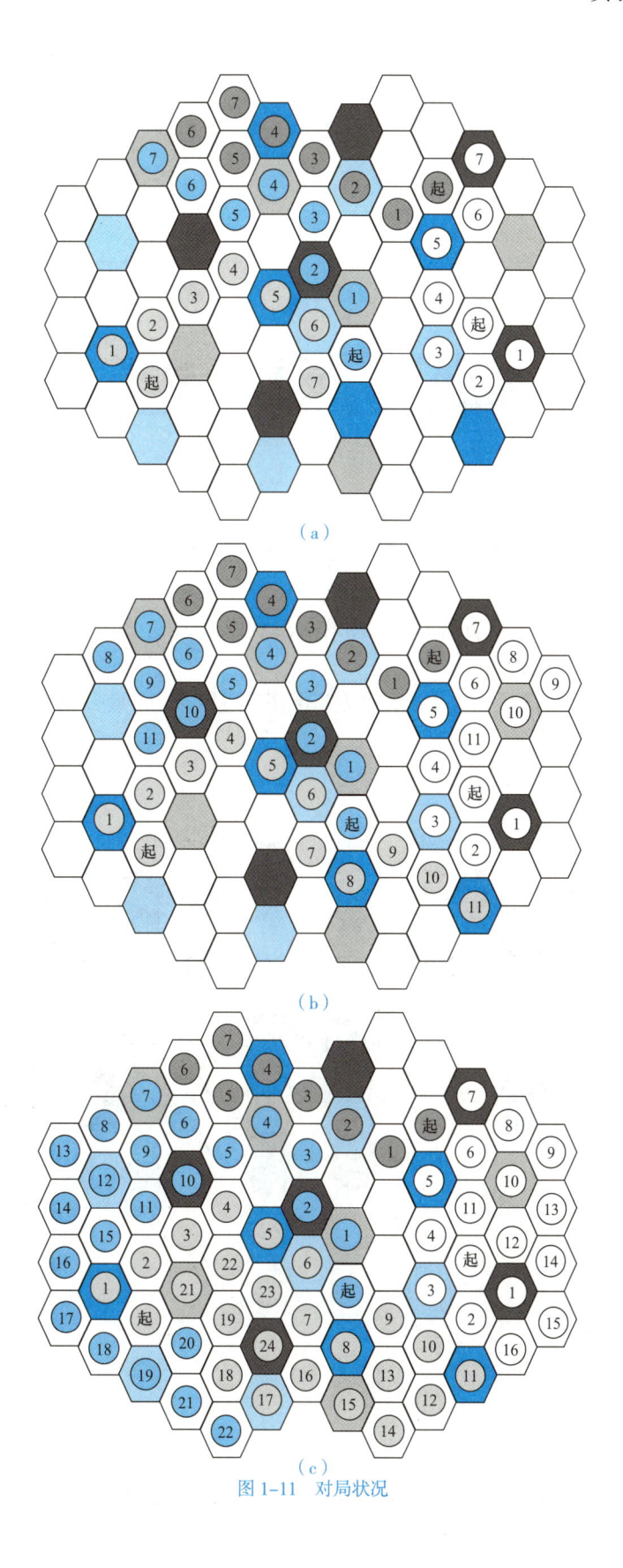

(a)

(b)

(c)

图 1-11　对局状况

表 1-9　　　　　　　　　　　排名及计分情况

	甲（红）	乙（蓝）	丙（绿）	丁（黄）
落子	17	25	8	23
排名	3	1	4	2
计分	14	100	4	46

实训模块 3　偕行

一、实训准备

1. 适用场景：裁决对局者的胜负关系或计算得分；类似合作与对抗、交流与行动的模拟过程训练；

2. 对局角色：玩家四人，分为两队，裁判一人（可选）。

3. 准备材料：棋子与棋盘。

（1）棋子。单色、圆形，尺寸以置入方格不超出边界为宜，最多 80 个，可以硬币、代币等替代。

（2）棋盘。蜂巢棋盘如图 1-12 所示。

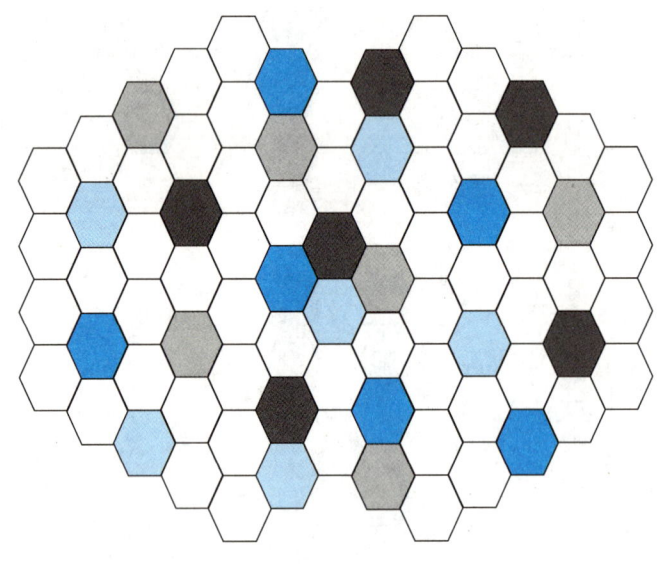

图 1-12　蜂巢棋盘

二、规则讲解

1. 确定流程：每一局包括就座、标记、落子三个阶段

流程开始前，确定回合数和胜负判定依据，以及公布流程所需所有参数。

（1）就座。玩家随机就座，依顺序确定对应颜色的棋子（红■—蓝■—绿■—黄■），其中红与黄为一组，蓝与绿为一组；

（2）标记。分别为每组玩家随机将地图上的两个格子标记为其的起点。

（3）落子。形式上为每人依次行动，在棋盘上放置一枚棋子；落子须符合以下规则：

①每人的第一子必须落在本组起点相邻的格子中。

②随后必须在自己上次落子格子的相邻格子中进行选择，不能选择已经落子的格子，相邻格子中有与自己棋子颜色相同的必须选择。

③当玩家落子在与自己棋子颜色相同的格子中，下一步可以落子在棋盘上任一与自己棋子颜色相同的空白格子中；以此方式落子在与自己棋子颜色相同的空白格子时，下一步落子不可以再次落子到另一与自己棋子颜色相同的空白格子中。

④某一玩家无路可走时，落子结束；同组玩家必须替其在自己可以落子的位置落子。

⑤所有玩家均无路可走时，棋局结束。

2. 裁决

（1）判定。棋局结束时按各组总落子数目多少依次排序为获胜组和落败组；如，落子最多的玩家，即为第一名。棋子数相同的玩家，后落子的玩家名次靠前。

（2）计分。获胜组中落子更多的玩家获得积分为自己落子数目乘四，另一名获得积分为自己落子数目乘二，落败组中落子更多的玩家获得积分为自己落子数目，另一名获得积分为自己落子数目的一半，下取整。

3. 补充规则

（1）对局总数。事先确定，或以累计得分判定最终胜负。

（2）两位玩家。两位玩家依顺序与两种颜色的棋子分别对应；标记、落子规则不变。

（3）位置更换。棋局开始之前，任一玩家可提出与另一玩家对换棋子颜色，双方需连同位置、落子顺序一起对换；每局前仅允许一人提出对换；在约定的对局数中，每一玩家仅能提出一次对换。

（4）交流限制。在某一玩家行动之前，其他玩家可为其可能的选择做出分析，言辞应简洁，且仅供参考，不能胁迫行动玩家做出最终决定。

（5）计分。获胜组和落败组中落子数目较少的玩家确定本组谁的计分乘四/乘二，以及乘一/除二。

（6）其他情况。无裁判、出现上述规则及约定未提及的情形，需双方重新商定，确保公平性和可行性。

三、进程实例

1. 实例一：四人局

甲、乙、丙、丁四人对局，分别执红■—蓝■—绿■—黄■棋子。

初始状况和对局状况如图 1-13 所示。

排名及计分情况见表 1-10。

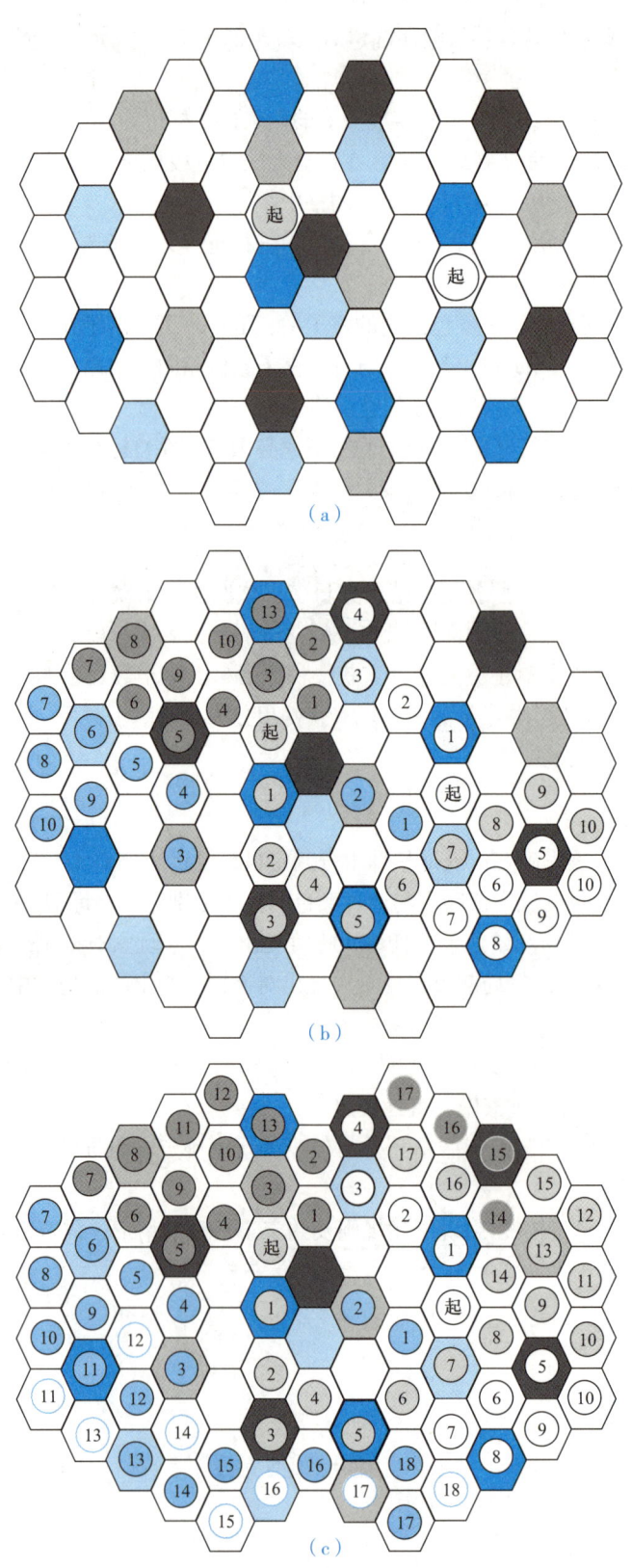

图 1-13 初始状况和对局状况

表 1–10　　　　　　　　　　　排名及计分情况

	甲（红）	乙（蓝）	丙（绿）	丁（黄）
落子	10	20	13	22
排名	2	1	1	2
计分	5	80	26	22

使用说明

一、进程控制

1. 第一阶段：先修课程

（1）相关知识。参与者应学习"管理学原理""生产与运作管理""运筹学"等课程的部分相关章节。

（2）感性认识。或对诸如行走路线、行车路线、设施布局等问题有基本认识，有一定数学基础。

2. 第二阶段：实验准备

（1）人员组织。建议所有实验模块均采用单人形式，或按照学号对应的数字划分若干小组，对其公布不同的约束条件和评估标准。

（2）道具准备。事先印制相应的棋盘："逆旅"需要"方块棋盘"；"征途"和"偕行"需要"蜂巢棋盘"；每组一份即可。

3. 第三阶段：讲解示范

（1）规则讲解。按"规则"课件进行，三个模块有不甚严格的衔接关系，其中"逆旅"是基本规则，应最先讲解；"征途"与"偕行"部分规则接近，且"征途"难度较低，应先讲解"征途"。要强调对以棋局模拟"路线规划"过程的基本逻辑是突出和简化，允许参与者讨论和提问，使参与者能够尽快理解规则。

（2）操作示范。按"实例"课件进行，可视情况与规则讲解同时进行；要强调思考和行动的关系，避免纠结于规则以及执行中的错误。

4. 第四阶段：模拟运行

（1）行动纪律。实验采用"回合制"，需要参与者在有限的时间内"单独行动"，要强调思考时间和行动时间的快速有效，避免进程拖沓。

（2）核心循环。在参与者不断重复的过程中，个别指导与集体指导相结合，纠正常见的错误认识和执行中的失误行为，引导其在正常的行动层面完成实验。

5. 第五阶段：评定总结

（1）计分排名。实验结果按积分即可排名，应重点奖励表现优异的参与者，同时鼓励而非惩罚表现较差的参与者。

（2）表现总结。要求每组或一些参与者陈词总结；对遵守规则、积极参与的行为表示肯定；对积分较高/较低的原因进行点评。

6. 第六阶段：实验结束

（1）收取记录用的表格，可以此作为成绩评定的依据。

（2）反思实验中出现的特定状况，对不良影响予以处理；整理实验所用数据，对不当之处予以标记。

二、要点指导

1. 建议实验先按照基本规则进行，可以在随后的回合中适当调整和变化。

2. 实验准备阶段。要充分考虑参与者状况，备齐所需的道具。

3. 讲解示范阶段。要提醒参与者多关注棋局模拟的内在逻辑，避免其对规则的过度质疑；引导、说明、演示简练有效，避免误导参与者。

4. 模拟运行阶段。要强调参与者要能够依据对所处局面合理判断，实施恰当的应对，避免对预期效果的盲目追求。

5. 评定总结阶段。要有以积分排名的形式并祝贺优胜者，重点在对参与者总结的点评，对常见失误、常规做法以及特定行为分别评价。

6. 实验结束阶段。要详细评阅记录表格，反思和总结实验中出现的问题。

实验 2

约束满足

导航

本实验主要由"设计思路＋实训模块＋使用说明"三部分组成。

首先介绍实验的设计思路，然后展示实验"洛阳"的整体方案，分别讲解3个实验模块的规则，并以实例示范实验进程，最后从进程控制和要点指导讲解实验的使用说明。

设计思路

一、目标设定

1. 设计一种围绕匹配展开的经营模拟实验，形式上为将特定人物指派给特定位置，需要考虑人物的多重属性、位置的不同差异，满足多组约束条件，符合多项评估标准。

2. 以流程设计、环境营造为主的规则设置既要清晰、简明地勾勒出约束满足问题的特征，又要积极、有效地驱动参与者强烈的融入意愿；以约束条件和评估标准组合变化为主的进程控制既要符合匹配模拟过程的拓展和延伸，又要满足参与者多样性和趣味性的预期。

3. 在实验过程中，参与者应该能够感受到约束满足问题的复杂性，能够认识到多重属性、多组约束条件和多项评估标准形成的组合与制约关系，能够理解多个环节形成的衔接与匹配机制，最终完成兼具效率和效果的决策。

4. 最终设计方案"洛阳"，包括三个模块：

（1）故国。模拟满足多组约束条件的匹配过程，以及根据评估标准优化调整方案。课时建议4课时。

（2）天下。增加规模、增加约束条件、评估标准。课时建议4课时。

（3）千里。模拟选址、行动等过程。课时建议2课时。

二、需求分析

1. 需要多重属性的要素，以多组约束条件、多项评估标准来模拟复杂的匹配问题。

17

2. 需要相应的指标、动态反馈持续地衡量参与者的行动方案。
3. 需要以不同约束条件和评估标准的组合模拟变化，具备优化方向。
4. 需要简单、自明的道具辅助参与者标识状态、完成决策、衡量效果。
5. 需要包括相互关联、重点不同的实验内容，确保相关知识点的掌握。
6. 需要根据参与者状态适当调整要求和进度，确保兴趣的合理迁移。

实训模块 1 — 故国

一、实训准备

1. 适应场景：人员指派等匹配过程。
2. 对局角色：玩家人数不限，裁判一人（可选）。
3. 准备材料：小地图 1 张；人物列表 1 份。
（1）小地图（故国）（图 2-1）。
（2）人物详情（表 2-1）。

表 2-1　　　　　　　　　　人物详情（故国）

国别	类别			
	子	将	相	士
燕		乐毅	苏代	郭隗\荆轲
赵	荀况	廉颇\李牧	赵胜	毛遂
齐		孙膑\田忌	田文	冯谖
魏		庞涓	魏无忌\公孙衍	侯嬴\朱亥
韩	韩非			聂政
楚	屈原	吴起	黄歇	宋玉
秦	吕不韦	王翦\白起	张仪\商鞅	郑国

4. 术语定义：
（1）"任一区域内"的相邻。某一位置与同一区域内的周围紧邻的任一位置，即为相邻位置；某人物被安排在某一位置时，相邻位置上若安排有其他人物，两人即为相邻，如图 2-2 所示。

图 2-1 小地图（故园）

东区乙一与东区甲一、东区乙二、东区丙一等三个位置相邻，如图2-2（a）所示。

东区乙二与东区甲一、东区甲二、东区乙一、东区乙二、东区丙一、东区丙二等六个位置相邻，如图2-2（b）所示。

东区丙一与东区乙一、东区乙二、东区丙二、东区丁一、东区丁二等五个位置相邻，如图2-2（c）所示。

东区丁一与东区丙一、东区丁二等两个位置，相邻如图2-2（d）所示。

（a）　　　　　　　　　　　　（b）

（c）　　　　　　　　　　　　（d）

图2-2　相邻（任一区域内）

（2）"跨区域计算"的相邻。某一位置与周围紧邻的任一位置，即为相邻位置；某人物被安排在这一位置时，相邻位置上若安排有其他人物，两人即为相邻。

东区乙一与东区甲一、东区乙二、东区丙一、北区乙四等四个位置相邻，如图2-3（a）所示。

东区乙二仍与东区甲一、东区甲二、东区乙一、东区乙二、东区丙一、东区丙二等六个位置相邻；

东区丙一仍与东区乙一、东区乙二、东区丙二、东区丁一、东区丁二等五个位置相邻；

东区丁一与东区丙一、东区丁二、北区丁四、南区甲二、南区甲三等五个位置相邻，如图2-3（b）所示。

(a)

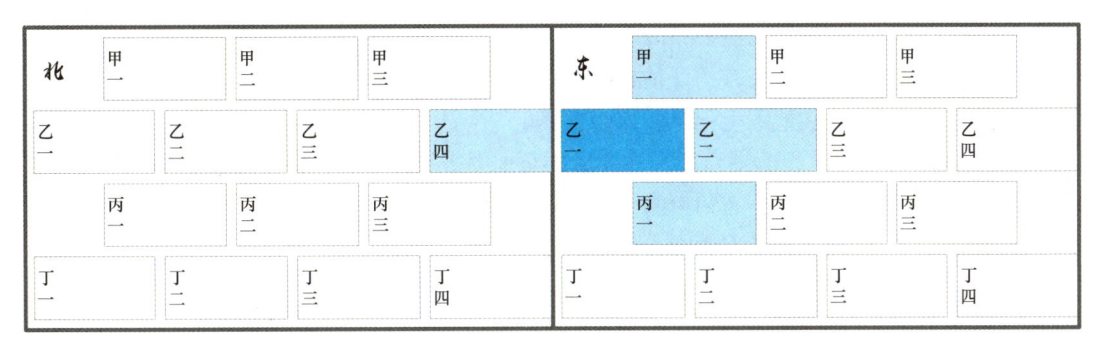

(b)

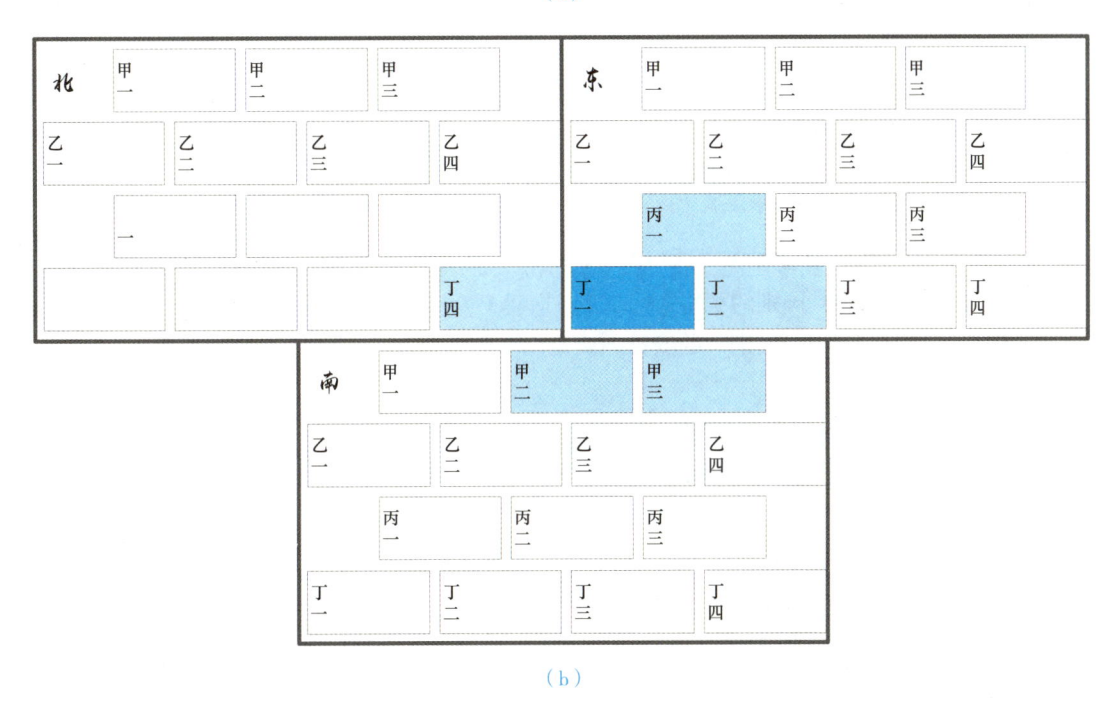

图 2-3　相邻（跨区域计算）

二、规则讲解

1. 确定流程：每一回合包括公布约束、公布标准、方案实施、方案评价四个阶段

流程开始前，确定回合数和胜负判定依据，以及公布流程所需所有参数。

（1）公布约束。形式上为告知玩家安置"人物"时所需考虑的约束条件，约束条件共计三组：类别约束、国别约束和整体约束，按回合数分批公布，玩家在安置"人物"时必须满足已公布的约束条件。

（2）公布标准。形式上为告知玩家安置"人物"时尽量实现的评估标准，在某一回合公布，玩家安置"人物"应按照评估标准获得积分。

（3）方案实施。形式上为玩家将所有"人物"标注在小地图中空白位置上，安置须符合以下规则：

①循规蹈矩：不得违反已经公布的约束条件。

②奉命唯谨：依照已经公布的评估标准，获得积分。

③反躬自省：玩家在地图上记录、核验方案。

（4）方案评价：形式上为对玩家标注完成的小地图进行检查和评估，评价须符合以下规则：

①令行禁止：违反已经公布约束的方案必须修改。

②精益求精：修改完善现有方案，争取更高积分。

（5）三组约束条件如下，依序公布，必须叠加。

①第一组约束条件：类别约束。

在任一区域内，人物"类别"的安排须满足以下约束条件：

- 每个子相邻至少留有一个空白位置。
- 每个将至少与另一个将相邻。
- 每个相不许与另一个相相邻。
- 每个士至少与一个将或相相邻。
- 至少安置六个人。
- 至少安置三种人。

②第二组约束条件：国别约束。

在任一区域内，人物"国别"的安排须满足以下约束条件：

- 子不许安置在同一行。
- 楚国人和齐国人不许安置在同一行。
- 秦国人和赵国人不许安置在同一行。
- 韩国人和燕国人不许安置在同一行。
- 楚国人和赵国人不许安置在同一行。

秦国人和齐国人不许安置在同一行。

③第三组约束条件：整体约束。

- 每个区域都有子。
- 至少两个区域有赵国人。
- 至少两个区域有齐国人。
- 至少两个区域有魏国人。
- 至少两个区域有楚国人。

每个区域都有秦国人。

（6）第一项评估标准如下，须跨区域计算相邻；符合条件时累计积分。

①与燕将相邻的人数尽量多：（2/人）[燕] 乐毅。

②与秦将相邻的人数尽量多：（2/人）[秦] 王翦、[秦] 白起。

③与赵将相邻的人数尽量多：（2/人）[赵] 廉颇、[赵] 李牧。

④与魏相相邻的人数尽量多：（2/人）[魏] 魏无忌、[魏] 公孙衍。

⑤与齐相相邻的人数尽量多：（2/人）[齐] 田文。

⑥与子相邻的人数尽量多：（3/人）九位子。

2. 裁决

（1）遇有下列情况，裁判予以玩家警告或扣除积分惩罚：

①人物错误。出现重复安置、漏掉安置等情况的玩家，当时予以制止，要求其更正错误；若进行到后续步骤时发现的，视影响程度要求其更正，并给予积分惩罚。

②违反约束。出现不满足某些约束条件的玩家，当时予以制止，要求其更正错误；若进行到后续步骤时发现的，视影响程度要求其更正，并给予积分惩罚。

③计分错误。出现多计分、少计分错误等情况的玩家，当时予以制止，要求其更正错误；若进行到后续步骤时发现的，视影响程度要求其更正，并给予积分惩罚。

④影响进程。回合内同种错误重复出现、计算超时、影响其他玩家行动的行为，视情节严重，可扣减一定数量的当前积分。

（2）胜负。多人游戏时，可根据积分多少来排列玩家名次。

3. 记录

方案标注在小地图上。

核验是将方案逐项检查，可以借助图 2-4 核验方案，对的话就在相应位置画"√"。

1. 类别约束。任一区域内，每个子相邻至少留有一个空白位置；"√"							核验
[周]孟轲	[周]庄周	[周]墨翟	[周]列御寇	[周]卜子夏	[赵]荀况	[韩]韩非	[楚]屈原	[秦]吕不韦
任一区域内，每个将至少与另一个将相邻；"√"							核验
[燕]乐毅	[赵]廉颇	[赵]李牧	[齐]孙膑	[齐]田忌	[魏]庞涓	[楚]吴起	[秦]王翦	[秦]白起
任一区域内，每个相不许与另一个相相邻；"√"							核验
[周]苏秦	[燕]苏代	[赵]赵胜	[齐]田文	[魏]魏无忌	[魏]公孙衍	[楚]黄歇	[秦]张仪	[秦]商鞅
任一区域内，每个士至少与一个将或相相邻；"√"							核验
[燕]郭隗	[燕]荆轲	[赵]毛遂	[齐]冯谖	[魏]侯嬴	[魏]朱亥	[韩]聂政	[楚]宋玉	[秦]郑国
任一区域内，至少安置六个人；"√"							核验
北	东		西		南		
任一区域内，至少安置三种人；"√"							核验
北	东		西		南		
2. 国别约束。任一区域内，子不许安置在同一行；"√"							核验
北	东		西		南		
任一区域内，楚国人和齐国人不许安置在同一行；"√"							核验
北	东		西		南		
任一区域内，秦国人和赵国人不许安置在同一行；"√"							核验
北	东		西		南		
任一区域内，韩国人和燕国人不许安置在同一行；"√"							核验
北	东		西		南		
任一区域内，楚国人和赵国人不许安置在同一行；"√"							核验

图 2-4 核验（故国）

北	东	西	南	
任一区域内，秦国人和齐国人不许安置在同一行；"√"				核验
北	东	西	南	
3. 整体约束。每个区域都有子；				核验
北	东	西	南	
至少两个区域有赵国人；				核验
北	东	西	南	
至少两个区域有齐国人；				核验
北	东	西	南	
至少两个区域有魏国人；				核验
北	东	西	南	
至少两个区域有楚国人；				核验
北	东	西	南	
每个区域都有秦国人；				核验
北	东	西	南	
评估标准。与燕将相邻的人数尽量多；（跨区域计算）；（2/人）				计分+
[燕]乐毅				
与秦将相邻的人数尽量多；（跨区域计算）；（2/人）				计分+
[秦]王翦	[秦]白起			
与赵将相邻的人数尽量多；（跨区域计算）；（2/人）				计分+
[赵]廉颇	[赵]李牧			
与魏相相邻的人数尽量多；（跨区域计算）；（2/人）				计分+
[魏]魏无忌	[魏]公孙衍			
与齐相相邻的人数尽量多；（跨区域计算）；（2/人）				计分+
[齐]田文				
与子相邻的人数尽量多；（跨区域计算）；（×3/人）				计分+
[周]孟轲	[周]庄周	[周]墨翟	[周]列御寇	[周]卜子夏
[赵]荀况	[韩]韩非	[楚]屈原	[秦]吕不韦	
				总分
备注				

图 2-4 核验（故国）（续）

4. 补充规则

（1）限定时间。每一回合要求玩家在规定时间内完成。

（2）拆解约束。可以只公布三组约束条件中的部分约束条件；或调整约束条件中的公布顺序。

（3）修订标准。可以调整评估标准的对应分值。

（4）并简要书写。建议玩家在记录安置情况以及无颜色助记时，使用不影响识别的人物类别、国别以及姓名缩写。

（5）本尊登场。利用玩家的姓名笔画、学号等数字信息，除四，以余数对应"子""将""相""士"，以及顺序，从而将玩家与某一人物对应，要求将以玩家姓名替换掉人物姓名，保留类别和国别，将其安置在事先公布的某一位置中。

（6）其他情况。无裁判、出现上述规则及约定未提及的情形，需双方重新商定，确保公平性和可行性。

三、进程实例

1. 实例一：测试（四回合）

（1）满足类别约束，在某一区域内安置子、将、相、士各两人，如图2-5（a）所示。

（2）满足类别约束，在某一区域内安置将、相、士各四人，如图2-5（b）所示。

（3）满足类别约束，在某一区域内安置子四人、将两人、相三人、士一人，如图2-5（c）所示。

（4）满足类别约束，在某一区域内安置子一人、将九人、相一人、士一人，如图2-5（d）所示。

（a） 方案（回合一）

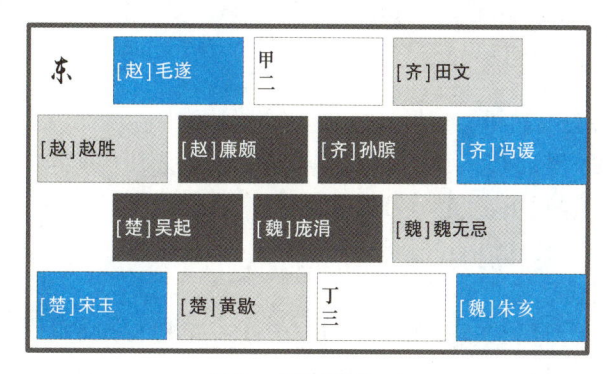

（b） 方案（回合二）

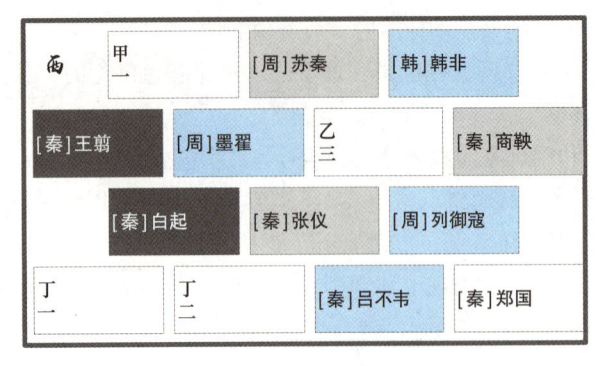

(c) 方案（回合三）

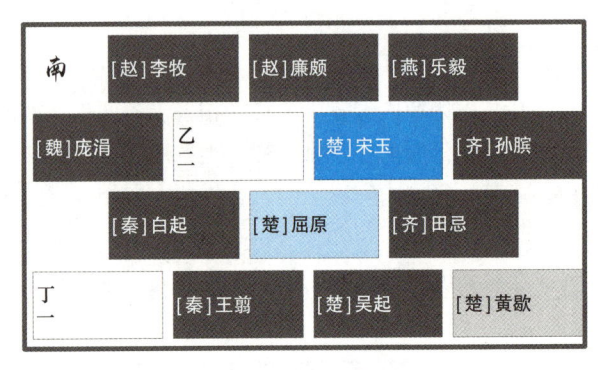

(d) 方案（回合四）

图 2-5　测试（四回合）

2. 实例二：类别约束

满足类别约束，在所有区域内安置全部人物（图 2-6）。

3. 实例三：类别约束、国别约束

满足类别约束和国别约束，在所有区域内安置全部人物（图 2-7）。

4. 实例四：类别约束、国别约束、整体约束

满足类别约束、国别约束和整体约束，在所有区域内安置全部人物（图 2-8）。

5 实例五

（1）方案二的计分，如图 2-6 所示。

孟轲 15+ 庄周 12+ 墨翟 15+ 列御寇 12+ 卜子夏 15+ 荀况 12+ 韩非 15+ 屈原 15+ 吕不韦 15

乐毅 6+ 李牧 4+ 廉颇 10+ 白起 6+ 王翦 12

田文 6+ 魏无忌 4+ 公孙衍 6=126+38+16=180

（2）方案三的计分，如图 2-7 所示。

孟轲 12+ 庄周 15+ 墨翟 12+ 列御寇 12+ 卜子夏 15+ 荀况 15+ 韩非 6+ 屈原 15+ 吕不韦 12

乐毅 8+ 李牧 10+ 廉颇 10+ 白起 6+ 王翦 10

田文 8+ 魏无忌 8+ 公孙衍 10=114+44+28=186

实验 2　约束满足

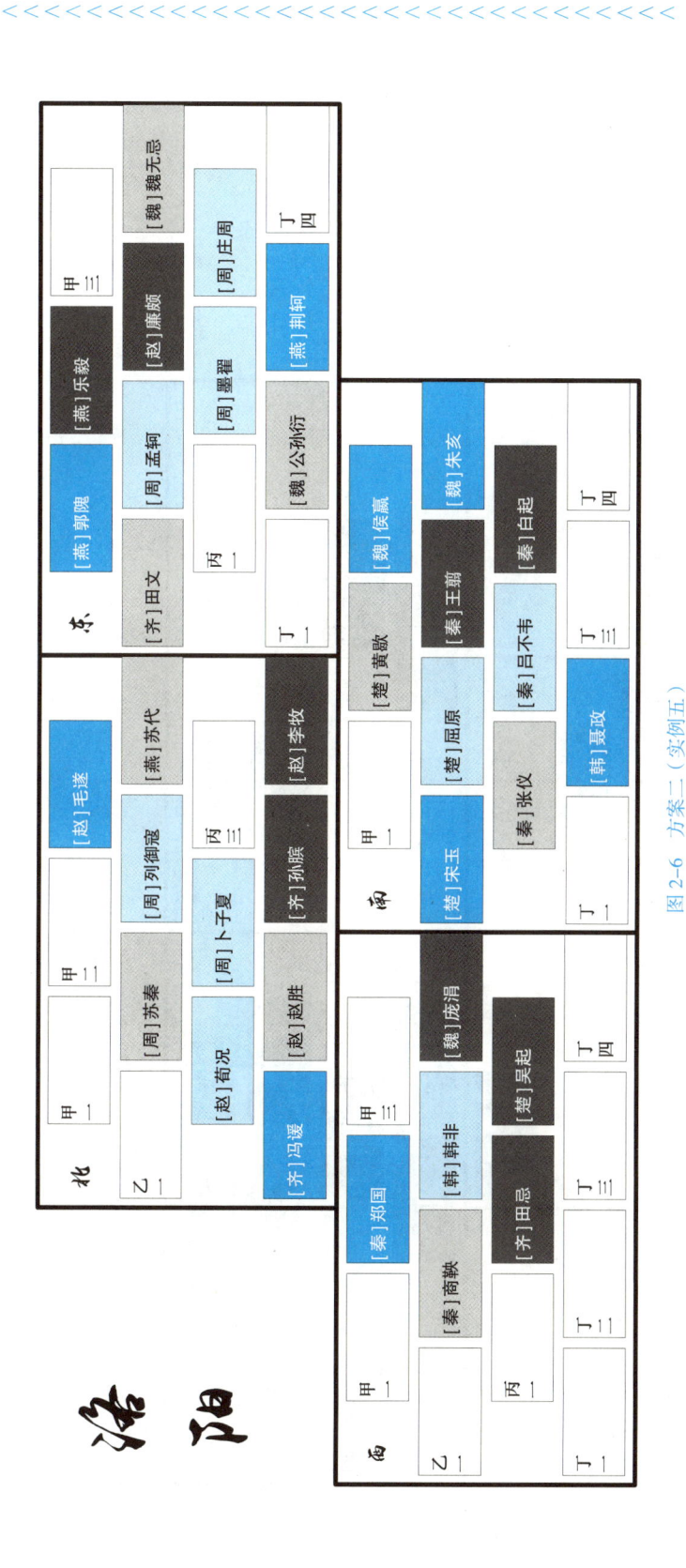

图 2-6　方案二（实例五）

27

图 2-7 方案三（实例五）

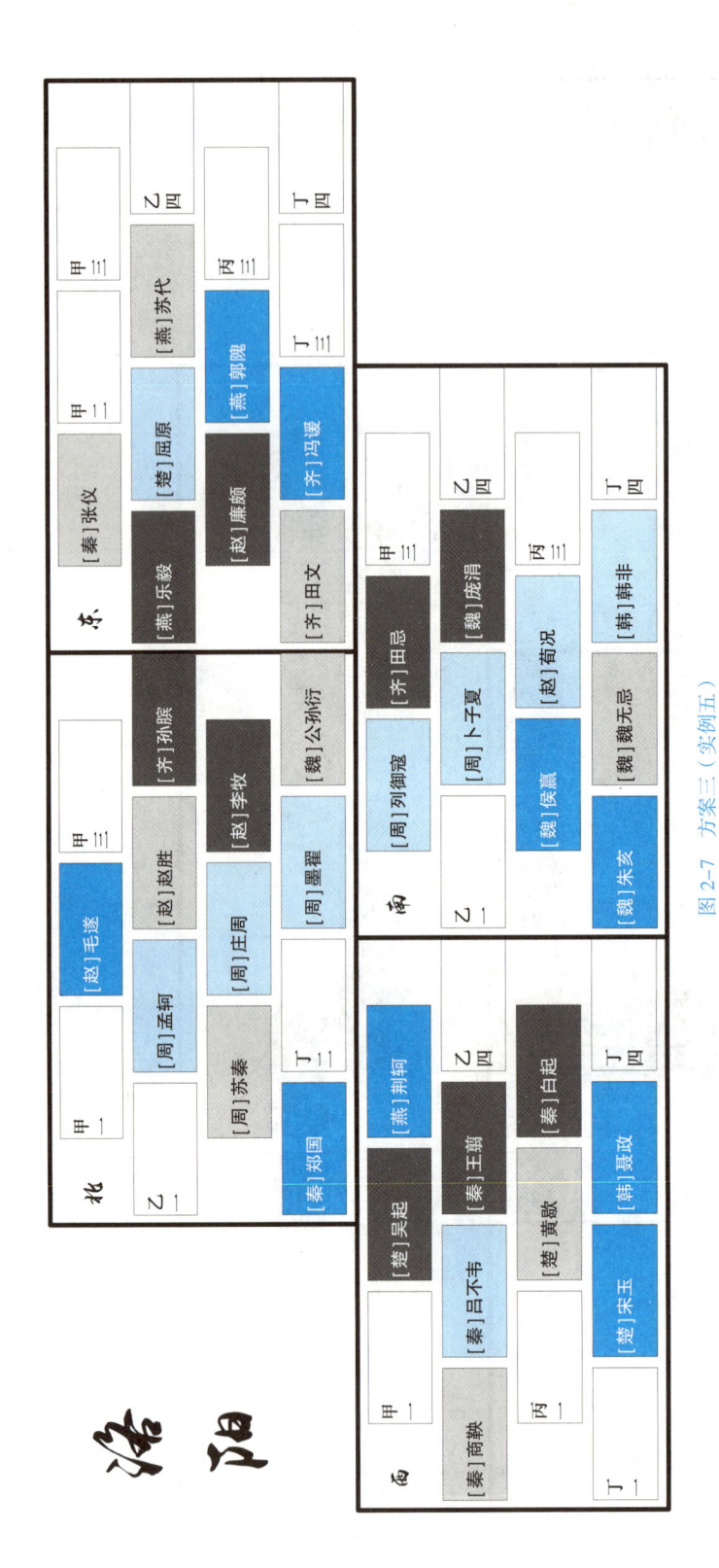

（3）方案四的计分，如图2-8所示。

孟轲15+ 庄周15+ 墨翟12+ 列御寇12+ 卜子夏15+ 荀况15+ 韩非12+ 屈原15+ 吕不韦15

乐毅8+ 李牧10+ 廉颇10+ 白起6+ 王翦12

田文8+ 魏无忌8+ 公孙衍10=126+46+28=200

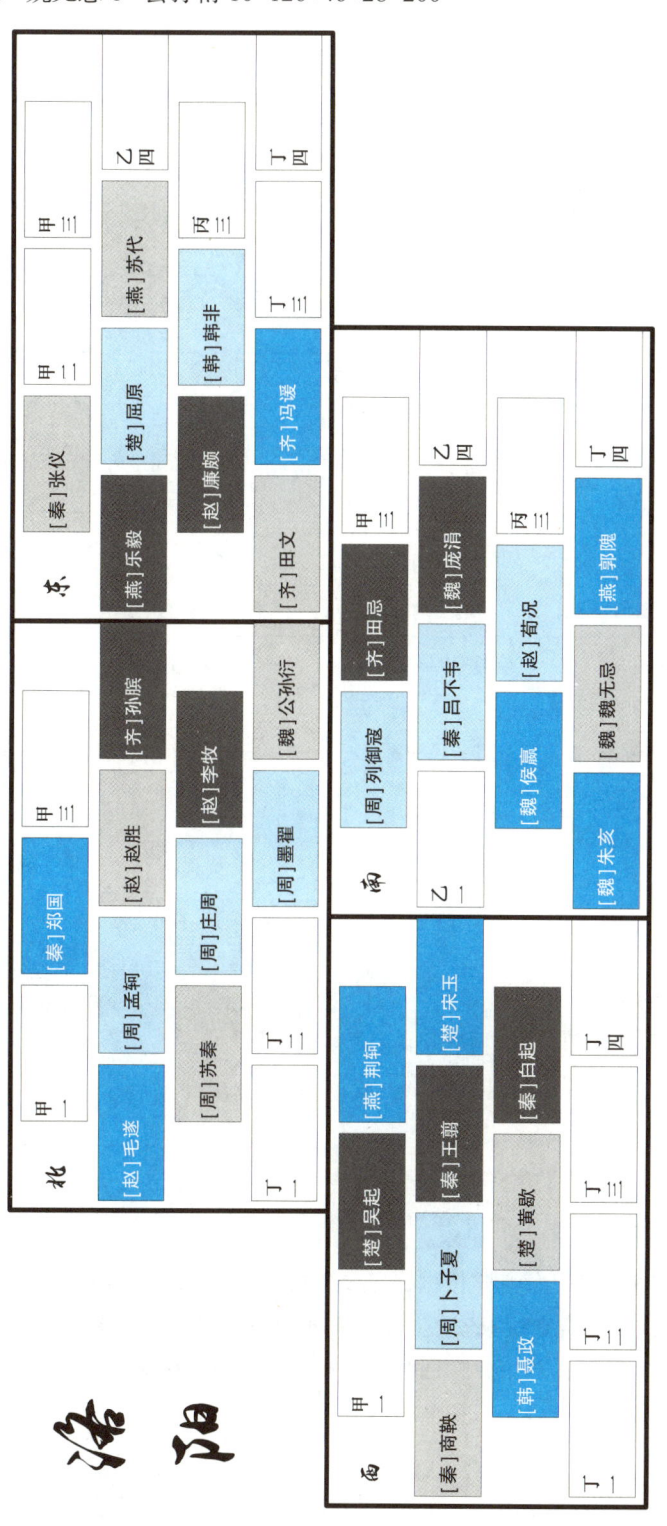

图2-8 方案四（实例五）

实训模块 2　天下

一、实训准备

1. 适应场景：人员指派等匹配过程。
2. 对局角色：参与者人数不限，裁判一人（可选）。
3. 准备材料：大地图 1 张；人物列表 1 份。

（1）大地图（天下）（图 2-9）。

（2）人物详情（表 2-2）。

表 2-2　　　　　　　　　　　　　人物详情（天下）

国别	类别			
	子	将	相	士
周	孟轲\庄周\墨翟\列御寇\卜子夏		苏秦	
燕	邹衍	乐毅\姬丹\樊於期	苏代	郭隗\荆轲\高渐离
赵	荀况\公孙龙\虞卿\慎到	廉颇\李牧	赵胜\蔺相如	毛遂\触龙
齐	田骈\尹文	孙膑\田忌\田单\田婴	田文\邹忌\淳于髡\陈轸	冯谖\钟离春\鲁仲连
魏	杨朱\惠施	庞涓\晋鄙	魏无忌\公孙衍\李悝	侯嬴\朱亥\唐雎\西门豹\更嬴
韩	韩非	暴鸢	申不害	聂政
楚	屈原	吴起\项燕	黄歇	宋玉\卞和\许行
秦	吕不韦\尉缭	王翦\白起\甘茂\蒙恬	张仪\商鞅\李斯\范雎\樗里疾	郑国

4. 术语定义：

（1）"任一区域内"的相邻：与"故国"一致。

（2）"跨区域计算"的相邻：与"故国"一致。

二、规则讲解

1. 确定流程：每一回合包括公布约束、公布标准、方案实施、方案评价四个阶段

流程开始前，确定回合数和胜负判定依据，以及公布流程所需所有参数。

（1）公布约束。形式上为告知玩家安置"人物"时所需考虑的约束条件，约束条件共计三类：类别约束、国别约束和整体约束，按回合数分批公布，玩家在安置"人物"时必须满足已公布的约束条件。

图2-9 大地图（天下）

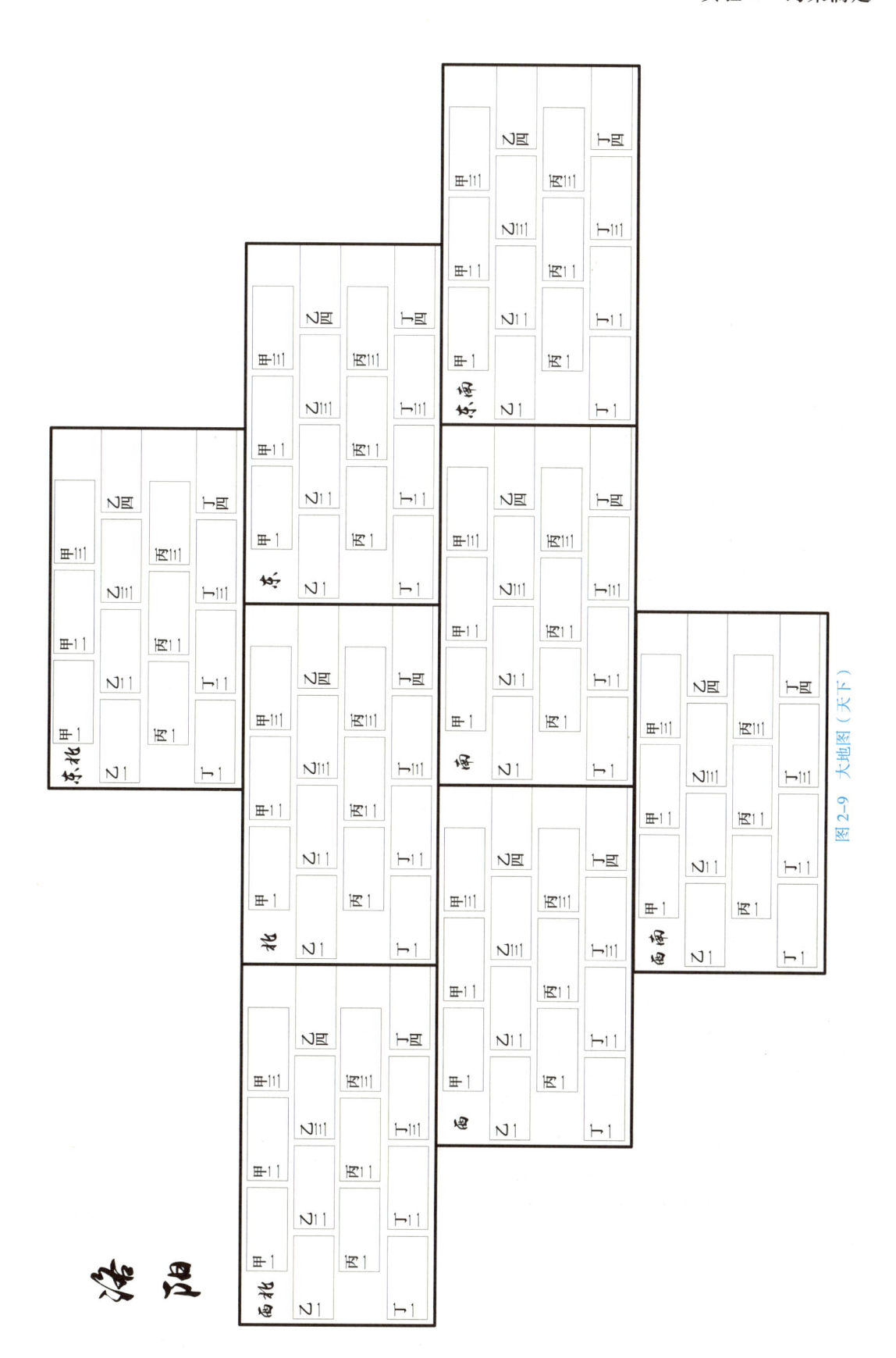

（2）公布标准。形式上为告知玩家安置"人物"时尽量实现的评估标准，在某一回合公布，玩家安置"人物"应按照评估标准获得积分。

（3）方案实施。形式上为玩家将所有"人物"标注在小地图中空白位置上，安置须符合以下规则：

①循规蹈矩：不得违反已经公布的约束条件。

②奉命唯谨：依照已经公布的评估标准，获得积分。

③反躬自省：玩家在地图上记录、核验方案。

（4）方案评价。形式上为对玩家标注完成的小地图进行检查和评估，评价须符合以下规则：

①令行禁止：违反已经公布约束的方案必须修改。

②精益求精：修改完善现有方案，争取更高积分。

（5）三组约束条件如下，依序公布，必须叠加。

①第一组约束条件：败战计。

在任一区域内，人物"类别"的安排须满足以下约束条件：

- 36. 走为上：每个子相邻至少留有一个空白位置。
- 35. 连环计：每个将至少与另一个将相邻。
- 34. 苦肉计：每个相不许与另一个相相邻。
- 33. 反间计：每个士至少与一个将或相相邻。
- 32. 空城计：至少安置六个人。
- 31. 美人计：至少安置三种人。

②第二组约束条件：并战计。

在任一区域内，人物"国别"的安排须满足以下约束条件：

- 30. 反客为主：子不许安置在同一行；
- 29. 树上开花：楚国人和齐国人不许安置在同一行。
- 28. 上屋抽梯：秦国人和赵国人不许安置在同一行。
- 27. 假痴不癫：韩国人和燕国人不许安置在同一行。
- 26. 指桑骂槐：楚国人和赵国人不许安置在同一行。
- 25. 偷梁换柱：秦国人和齐国人不许安置在同一行。

③第三组约束条件：胜战计。

- 06. 声东击西：每个区域都有子。
- 05. 趁火打劫：至少四个区域有赵国人。
- 04. 以逸待劳：至少四个区域有齐国人。
- 03. 借刀杀人：至少四个区域有魏国人。
- 02. 围魏救赵：至少四个区域有楚国人。
- 01. 瞒天过海：每个区域都有秦国人。

（6）三项评估标准如下，符合条件时累计积分。

①第一项评估标准：混战计。

- 24. 假道伐虢：与燕将相邻的人数尽量多；（2/人）[燕]乐毅、[燕]姬丹、[燕]樊於期。
- 23. 远交近攻：与秦将相邻的人数尽量多；（2/人）[秦]王翦、[秦]白起、[秦]甘茂、

[秦]蒙恬。
- 22.关门捉贼：与赵将相邻的人数尽量多；（2/人）[赵]廉颇、[赵]李牧。
- 21.金蝉脱壳：与魏相相邻的人数尽量多；（2/人）[魏]魏无忌、[魏]公孙衍、[魏]李悝。
- 20.浑水摸鱼：与齐相相邻的人数尽量多；（2/人）[齐]田文、[齐]邹忌、[齐]淳于髡、[齐]陈轸。
- 19.釜底抽薪：与子相邻的人数尽量多；（3/人）十八位子。

②第二项评估标准：攻战计（按最近的计算：同一区域内相邻为5，不相邻为3，不同区域为0）。

- 18.擒贼擒王：燕士距离燕将尽可能近；[燕]郭隗、[燕]荆轲、[燕]高渐离→[燕]乐毅、[燕]姬丹、[燕]樊於期。
- 17.抛砖引玉：楚士距离楚将尽可能近；[楚]宋玉、[楚]卞和、[楚]许行→[楚]吴起、[楚]项燕。
- 16.欲擒故纵：赵将距离赵相尽可能近；[赵]廉颇、[赵]李牧→[赵]赵胜、[赵]蔺相如。
- 15.调虎离山：秦将距离秦相尽可能近；[秦]王翦、[秦]白起、[秦]甘茂、[秦]蒙恬→[秦]张仪、[秦]商鞅、[秦]李斯、[秦]范雎、[秦]樗里疾。
- 14.借尸还魂：齐士距离齐相尽可能近；[齐]冯谖[齐]钟离春[齐]鲁仲连→[齐]田文、[齐]邹忌、[齐]淳于髡、[齐]陈轸。
- 13.打草惊蛇：魏士距离魏相尽可能近；[魏]侯嬴、[魏]朱亥、[魏]西门豹、[魏]更嬴→[魏]魏无忌、[魏]公孙衍、[魏]李悝。

③第三项评估标准：敌战计。

- 12.顺手牵羊：特定人物相邻其他国人数多；（跨区域计算）；（3/人）[周]苏秦、[魏]公孙衍、[秦]张仪、[燕]乐毅、[赵]李牧、[秦]白起。
- 11.李代桃僵：特定人物相邻本国人数多；（跨区域计算）；（3/人）[楚]屈原、[齐]田忌、[魏]李悝、[燕]郭隗。
- 10.笑里藏刀：特定人物在某一区域；（10/人）东北：[燕]郭隗、西北：[秦]郑国、北：[赵]触龙、东：[齐]钟离春、西：[燕]荆轲、南：[韩]聂政、东南：[魏]西门豹、西南：[楚]卞和。
- 09.隔岸观火：隔岸观火；特定人物不在某一区域；（5/人）东北：[赵]毛遂、西北：[楚]许行、北：[楚]宋玉、东：[魏]唐雎、西：[魏]侯嬴、南：[齐]冯谖、东南：[燕]高渐离、西南：[齐]鲁仲连。
- 08.暗度陈仓：两个特定人物相邻；（跨区域计算）；(10/对) [周]庄周/[魏]惠施、[楚]屈原/[楚]宋玉、[齐]田忌/[齐]孙膑、[赵]廉颇/[赵]蔺相如、[赵]赵胜/[赵]毛遂、[魏]魏无忌/[魏]朱亥。
- 07.无中生有：两个特定人物不在同一区域；（5/对)[周]孟轲/[赵]荀况、[韩]韩非/[秦]李斯、[齐]孙膑/[魏]庞涓、[秦]蒙恬/[秦]李斯、[秦]白起、[秦]范雎、[魏]晋鄙/[魏]朱亥。

2. 裁决

（1）遇有下列情况，裁判予以玩家警告或扣除积分惩罚：

①人物错误：出现重复安置、漏掉安置等情况的玩家，当时予以制止，要求其更正错误；若进行到后续步骤时发现的，视影响程度要求其更正，并给予积分惩罚。

②违反约束：出现不满足某些约束条件的玩家，当时予以制止，要求其更正错误；若进行到后续步骤时发现的，视影响程度要求其更正，并给予积分惩罚。

③计分错误：出现多计分、少计分错误等情况的玩家，当时予以制止，要求其更正错误；若进行到后续步骤时发现的，视影响程度要求其更正，并给予积分惩罚。

④影响进程：回合内同种错误重复出现、计算超时、影响其他玩家行动的行为，视情节严重，可扣减一定数量的当前积分。

（2）胜负 - 多人游戏时，可根据积分多少来排列玩家名次。

3. 记录

方案标注在大地图上。

可以借助图 2-10 核验方案。

这 36 个限制条件，分成了六组，可以任意打乱顺序，逐次公布，组合的效果不同。

通常都是按照正序公布，比如公布第二组条件的时候，学生就已经理解第一条件，并且已经得到一个方案，在这个基础上改动方案，让他同时满足两组条件。

这个核验图可以在任何情形下使用，倒序是为了让最后一组公布的时候，使用方便。

36. 走为上：任一区域内，每个子相邻至少留有一个空白位置；									核验	
[周]孟轲	[周]庄周	[周]墨翟	[周]列御寇	[周]卜子夏	[燕]邹衍	[赵]荀况		[赵]公孙龙	[赵]虞卿
[赵]慎到	[齐]田骈	[齐]尹文	[魏]杨朱	[魏]惠施	[韩]韩非	[楚]屈原		[秦]吕不韦	[秦]尉缭
35. 连环计：任一区域内，每个将至少与另一个将相邻；									核验	
[燕]乐毅	[燕]姬丹	[燕]樊於期	[赵]廉颇	[赵]李牧	[齐]孙膑	[齐]田忌		[齐]田单	[齐]田婴
[魏]庞涓	[魏]晋鄙	[韩]暴鸢	[楚]吴起	[楚]项燕	[秦]王翦	[秦]白起		[秦]甘茂	[秦]蒙恬
34. 苦肉计：任一区域内，每个相不许与另一个相相邻；									核验	
[周]苏秦	[燕]苏代	[赵]赵胜	[赵]蔺相如	[齐]田文	[齐]邹忌	[齐]淳于髡		[齐]陈轸	[魏]魏无忌
[魏]公孙衍	[魏]李悝	[韩]申不害	[楚]黄歇	[秦]张仪	[秦]商鞅	[秦]李斯		[秦]范雎	[秦]樗里疾
33. 反间计：任一区域内，每个士至少与一个将或相相邻；									核验	
[燕]郭隗	[燕]荆轲	[燕]高渐离	[赵]毛遂	[赵]触龙	[齐]冯谖	[齐]钟离春		[齐]鲁仲连	[魏]侯嬴
[魏]朱亥	[魏]唐雎	[魏]西门豹	[魏]更羸	[韩]聂政	[楚]宋玉	[楚]卞和		[楚]许行	[秦]郑国
32. 空城计：任一区域内，至少安置六个人；									核验	
东北	西北	北	东	西	南	东南		西南	

图 2-10 核验（天下）

31. 美人计：任一区域内，至少安置三种人；							核验
东北	西北	北	东	西	南	东南	西南

30. 反客为主：任一区域内，子不许安置在同一行；							核验
东北	西北	北	东	西	南	东南	西南

29. 树上开花：任一区域内，楚国人和齐国人不许安置在同一行；							核验
东北	西北	北	东	西	南	东南	西南

28. 上屋抽梯：任一区域内，秦国人和赵国人不许安置在同一行；							核验
东北	西北	北	东	西	南	东南	西南

27. 假痴不癫：任一区域内，韩国人和燕国人不许安置在同一行；							核验
东北	西北	北	东	西	南	东南	西南

26. 指桑骂槐：任一区域内，楚国人和赵国人不许安置在同一行；							核验
东北	西北	北	东	西	南	东南	西南

25. 偷梁换柱：任一区域内，秦国人和齐国人不许安置在同一行；							核验
东北	西北	北	东	西	南	东南	西南

24. 假道伐虢：与燕将相邻的人数尽量多；（跨区域计算）；(2/人)					计分
[燕]乐毅	[燕]姬丹	[燕]樊於期			

23. 远交近攻：与秦将相邻的人数尽量多；（跨区域计算）；(2/人)					计分
[秦]王翦	[秦]白起	[秦]甘茂	[秦]蒙恬		

22. 关门捉贼：与赵将相邻的人数尽量多；（跨区域计算）；(2/人)					计分
[赵]廉颇	[赵]李牧				

21. 金蝉脱壳：与魏相相邻的人数尽量多；（跨区域计算）；(2/人)					计分
[魏]魏无忌	[魏]公孙衍	[魏]李悝			

20. 浑水摸鱼：与齐相相邻的人数尽量多；（跨区域计算）；(2/人)					计分
[齐]田文	[齐]邹忌	[齐]淳于髡	[齐]陈轸		

19. 釜底抽薪：与子相邻的人数尽量多；（跨区域计算）；(3/人)					计分
[周]孟轲	[周]庄周	[周]墨翟	[周]列御寇	[周]卜子夏	[燕]邹衍
[赵]荀况	[赵]公孙龙	[赵]虞卿	[赵]慎到	[齐]田骈	[齐]尹文
[魏]杨朱	[魏]惠施	[韩]韩非	[楚]屈原	[秦]吕不韦	[秦]尉缭

图 2-10 核验（天下）（续）

18. 擒贼擒王；燕士距离燕将尽可能近；（同一区域相邻5，不相邻3）				计分	
[燕]郭隗	[燕]荆轲	[燕]高渐离		→[燕]乐毅\姬丹\樊於期	
17. 抛砖引玉；楚士距离楚将尽可能近；（同一区域相邻5，不相邻3）				计分	
[楚]宋玉	[楚]卞和	[楚]许行		→[楚]吴起\项燕	
16. 欲擒故纵；赵将距离赵相尽可能近；（同一区域相邻5，不相邻3）				计分	
[赵]廉颇	[赵]李牧			→[赵]赵胜\蔺相如	
15. 调虎离山；秦将距离秦相尽可能近；（同一区域相邻5，不相邻3）				计分	
[秦]王翦	[秦]白起	[秦]甘茂	[秦]蒙恬	→[秦]张仪\商鞅\李斯\范雎\樗里疾	
14. 借尸还魂；齐士距离齐相尽可能近；（同一区域相邻5，不相邻3）				计分	
[齐]冯谖	[齐]钟离春	[齐]鲁仲连		→[齐]田文\邹忌\淳于髡\陈轸	
13. 打草惊蛇；魏士距离魏相尽可能近；（同一区域相邻5，不相邻3）				计分	
[魏]侯嬴	[魏]朱亥	[魏]西门豹	[魏]更嬴	→[魏]魏无忌\公孙衍\李悝	
12. 顺手牵羊；特定人物相邻其他国人数多；（跨区域计算）；（3/人）				计分	
[燕]乐毅	[赵]李牧	[秦]白起	[周]苏秦	[魏]公孙衍	[秦]张仪
11. 李代桃僵；特定人物相邻本国人数多；（跨区域计算）；（3/人）				计分	
[楚]屈原	[齐]田忌	[魏]李悝	[燕]郭隗		
10. 笑里藏刀；特定人物在某一区域；（10/人）				计分	
东北	西北	北	东	西	南	东南	西南
[燕]郭隗	[秦]郑国	[赵]触龙	[齐]钟离春	[燕]荆轲	[韩]聂政	[魏]西门豹	[楚]卞和
09. 隔岸观火；特定人物不在某一区域；（5/人）				计分	
东北	西北	北	东	西	南	东南	西南
[赵]毛遂	[楚]许行	[楚]宋玉	[魏]唐雎	[魏]侯嬴	[齐]冯谖	[燕]高渐离	[齐]鲁仲连
08. 暗度陈仓；两个特定人物相邻；（跨区域计算）；（10/对）				计分	
[周]庄周/[魏]惠施	[楚]屈原/[楚]宋玉	[齐]田忌/[齐]孙膑	[赵]廉颇/[赵]蔺相如	[赵]赵胜/[赵]毛遂	[魏]魏无忌/[魏]朱亥
07. 无中生有；两个特定人物不在同一区域；（5/对）				计分	
[周]孟轲/[赵]荀况	[韩]韩非/[秦]李斯	[齐]孙膑/[魏]庞涓	[秦]蒙恬/[秦]李斯	[秦]白起/[秦]范雎	[魏]晋鄙/[魏]朱亥
06. 声东击西；每个区域都有子；				核验	
东北	西北	北	东	西	南	东南	西南

图 2-10　核验（天下）（续）

05. 趁火打劫；至少四个区域有赵国人；							核验
东北	西北	北	东	西	南	东南	西南
04. 以逸待劳；至少四个区域有齐国人；							核验
东北	西北	北	东	西	南	东南	西南
03. 借刀杀人；至少四个区域有魏国人；							核验
东北	西北	北	东	西	南	东南	西南
02. 围魏救赵；至少四个区域有楚国人；							核验
东北	西北	北	东	西	南	东南	西南
01. 瞒天过海；每个区域都有秦国人；							核验
东北	西北	北	东	西	南	东南	西南
							核验
备注							

图 2-10　核验（天下）（续）

4. 补充规则

（1）限定时间：每一回合要求玩家在规定时间内完成。

（2）拆解约束：可以只公布三组约束条件中的部分约束条件；或调整约束条件的公布顺序。

（3）修订标准：可以调整三套评估标准的对应分值。

（4）简要书写：建议玩家在记录安置情况以及无颜色助记时，使用不影响识别的人物类别、国别以及姓名缩写。

（5）本尊登场：利用玩家的姓名笔画、学号等数字信息，除四，以余数对应"子""将""相""士"，以及顺序，从而将玩家与某一人物对应，要求将以玩家姓名替换掉人物姓名，保留类别和国别，将其安置在事先公布的某一位置中。

（6）其他情况：无裁判、出现上述规则及约定未提及的情形，需双方重新商定，确保公平性和可行性。

三、进程实例

1. 实例一：天下（一回合）

（1）满足类别约束、国别约束和整体约束，在所有区域内安置全部人物。

方案如图 2-11 所示。

（2）标准一：混战计。

①24.假道伐虢：[燕]乐毅5、[燕]姬丹3、[燕]樊於期5。

②23.远交近攻：[秦]王翦4、[秦]白起5、[秦]甘茂5、[秦]蒙恬2。

③22.关门捉贼：[赵]廉颇4、[赵]李牧4。

④21.金蝉脱壳：[魏]魏无忌5、[魏]公孙衍5、[魏]李悝4。

⑤20.浑水摸鱼：[齐]田文4、[齐]邹忌5、[齐]淳于髡3、[齐]陈轸4。

⑥19.釜底抽薪：与子相邻的人数尽量多；（3/人）十八位子。

[周]孟轲5、[周]庄周5、[周]墨翟5、[周]列御寇4、[周]卜子夏4、[赵]荀况5、[韩]韩非5、[楚]屈原5、[秦]吕不韦5、[燕]邹衍5、[赵]公孙龙4、[赵]虞卿4、[赵]慎到4、[齐]田骈5、[齐]尹文5、[魏]杨朱5、[魏]惠施5、[秦]尉缭4。

（5+3+5+4+5+5+2+4+4+5+5+4+5+3+4）×2+（5+5+5+4+4+5+5+5+5+4+4+4+5+5+5+5+4）×3=134+252=386。

（3）标准二：攻战计。

①18.擒贼擒王：[燕]郭隗5、[燕]荆轲0、[燕]高渐离5→[燕]乐毅、[燕]姬丹、[燕]樊於期。

②17.抛砖引玉：[楚]宋玉5、[楚]卞和0、[楚]许行0→[楚]吴起、[楚]项燕。

③16.欲擒故纵：[赵]廉颇5、[赵]李牧0→[赵]赵胜、[赵]蔺相如。

④15.调虎离山：[秦]王翦0、[秦]白起0、[秦]甘茂3、[秦]蒙恬0→[秦]张仪、[秦]商鞅、[秦]李斯、[秦]范雎、[秦]樗里疾。

⑤14.借尸还魂：[齐]冯谖5、[齐]钟离春5、[齐]鲁仲连0→[齐]田文、[齐]邹忌、[齐]淳于髡、[齐]陈轸。

⑥13.打草惊蛇：[魏]侯嬴5、[魏]朱亥0、[魏]西门豹0、[魏]更羸0→[魏]魏无忌、[魏]公孙衍、[魏]李悝。

（5+5+5+5+3+5+5+5）=38。

（4）标准三：敌战计

①12.顺手牵羊：[周]苏秦5、[魏]公孙衍3、[秦]张仪5、[燕]乐毅5、[赵]李牧4、[秦]白起6。

②11.李代桃僵：[楚]屈原2、[齐]田忌2、[魏]李悝2、[燕]郭隗2。

③10.笑里藏刀：东北：[燕]郭隗、西北：[秦]郑国、北：[赵]触龙、东：[齐]钟离春、西：[燕]荆轲、南：[韩]聂政、东南：[魏]西门豹、西南：[楚]卞和。

④09.隔岸观火：东北：[赵]毛遂、西北：[楚]许行、北：[楚]宋玉、东：[魏]唐雎、西：[魏]侯嬴、南：[齐]冯谖、东南：[燕]高渐离、西南：[齐]鲁仲连。

⑤08.暗度陈仓：[周]庄周/[魏]惠施、[楚]屈原/[楚]宋玉、[齐]田忌/[齐]孙膑、[赵]廉颇/[赵]蔺相如、[赵]赵胜/[赵]毛遂。

⑥07.无中生有：[周]孟轲/[赵]荀况、[韩]韩非/[秦]李斯、[齐]孙膑/[魏]庞涓、[秦]蒙恬/[秦]李斯、[秦]白起/[秦]范雎、[魏]晋鄙/[魏]朱亥。

28×3+8×3+80+40+50+30=296。

总分=386+38+296=720。

实验2 约束满足

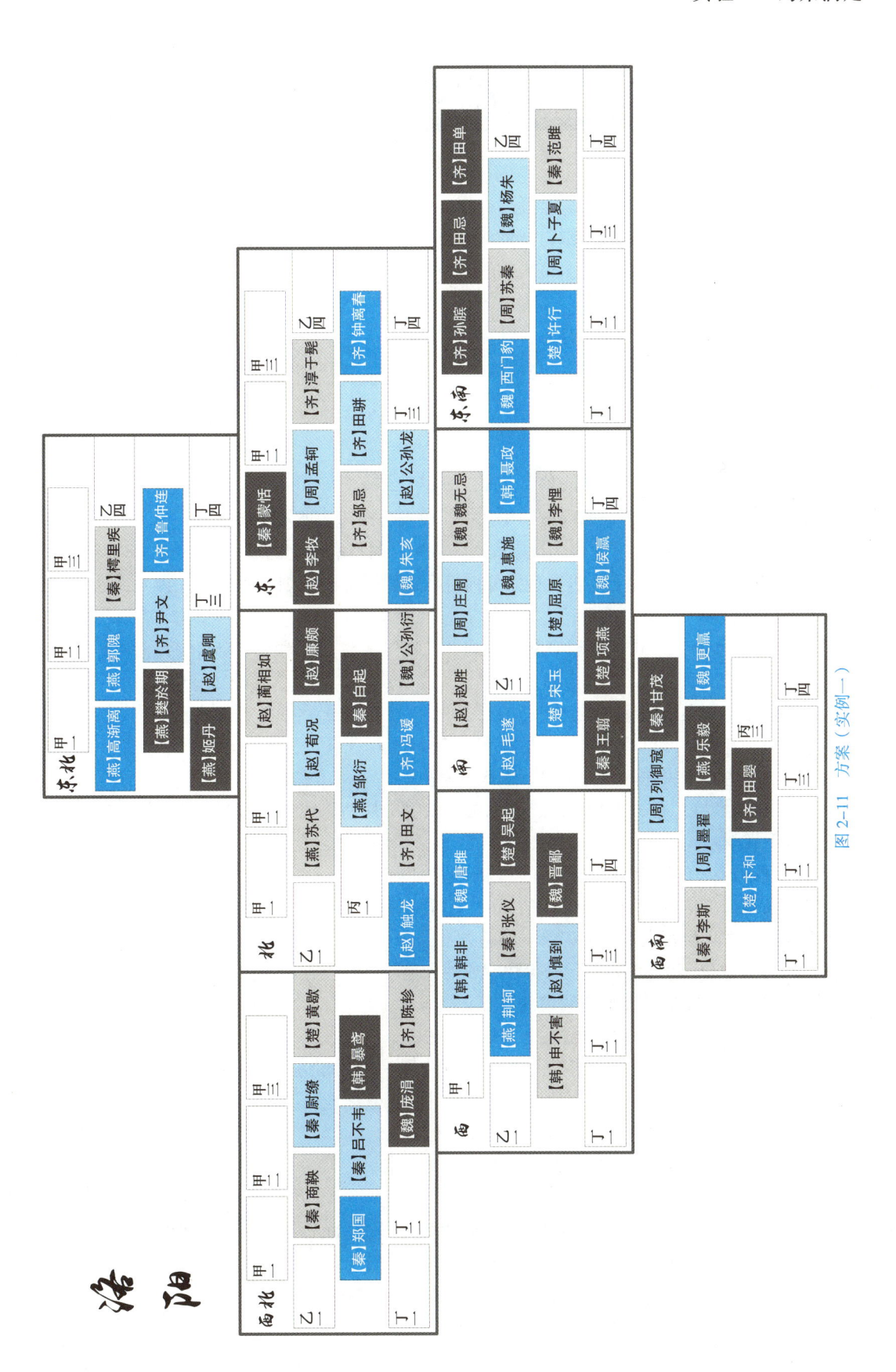

图 2-11 方案（实例一）

实训模块 3 千里

一、实训准备

1. 适应场景：人员指派、路线选择等过程。
2. 对局角色：参与者人数不限，裁判一人（可选）。
3. 准备材料：已经填有七十二位人物的大地图 1 张。
4. 术语定义：

（1）"任一区域内"的相邻：与"故国"一致。

（2）"跨区域计算"的相邻：与"故国"一致。

二、规则讲解

1. 确定流程：每一回合包括公布地图、人物选取、方案实施、方案评价四个阶段

流程开始前，确定回合数和胜负判定依据，以及公布流程所需所有参数。

（1）公布地图：形式上为告知玩家安置"人物"时所需考虑的现有条件。

（2）人物选取：形式上为告知玩家如何选取需要安置或规划路线的"人物"；也可以随机选取。

（3）方案实施：形式上为玩家将选取的"人物"标注在大地图中空白位置上，安置须符合以下规则：

①循规蹈矩：不得违反已经公布的约束条件。

②奉命唯谨：依照已经公布的评估标准，获得积分。

③反躬自省：玩家在地图上记录、核验方案。

（4）规划路线：形式上为玩家将选取的"人物"规划路线，标注在大地图上，规划路线须符合以下规则：

①循规蹈矩：不得违反已经公布的约束条件。

②奉命唯谨：依照已经公布的评估标准，获得积分。

③反躬自省：玩家在地图上记录、核验方案。

（5）方案评价：形式上为对玩家标注完成的大地图进行检查和评估，评价须符合以下规则：

①令行禁止：违反已经公布约束的方案必须修改。

②精益求精：修改完善现有方案，争取更高积分。

（6）第一组：争鸣。涉及四位人物，[周]庄周、[赵]荀况、[韩]韩非、[楚]屈原。

①为[周]庄周安置一个空白位置，约束条件和评估标准如下：

- 逍遥：任一区域内，相邻至少留一个空白位置。
- 无为：只能放置在上四区（东北、西北、北、东）。
- 合一：同一区域已有的人数之和。
- 梦蝶：与已有人物相邻时，按人物类别赋分，数值为正表示加分，为负表示减分。按子 1/人，将 -5/人，相 -1/人，士 5/人计分（跨区域计算）。

②为[赵]荀况安置一个空白位置，约束条件和评估标准如下：

- 载舟：任一区域内，相邻至少留一个空白位置。

- 天行：只能放置在右四区（东北、东、南、东南）。
- 劝学：同一区域已有的人数之和。
- 性恶：与已有人物相邻时，按子 -5/ 人、将 1/ 人、相 5/ 人、士 -1/ 人，计分；（跨区域计算）。

③为 [韩] 韩非安置一个空白位置，约束条件和评估标准如下：
- 孤愤：任一区域内，相邻至少留一个空白位置。
- 心度：只能放置在左四区（西北、北、西、西南）。
- 法教：同一区域已有的人数之和。
- 五蠹：与已有人物相邻时，按子 -1/ 人、将 5/ 人、相 1/ 人、士 -5/ 人，计分；（跨区域计算）。

④为 [楚] 屈原安置一个空白位置，约束条件和评估标准如下：
- 独清：任一区域内，相邻至少留一个空白位置。
- 天问：只能放置在下四区（西、南、东南、西南）。
- 求索：同一区域已有的人数之和。
- 怀沙：与已有人物相邻时，按子 5/ 人、将 -1/ 人、相 -5/ 人、士 1/ 人，计分；（跨区域计算）。

（7）第二组：攻伐。涉及三位人物，[燕] 乐毅、[齐] 孙膑、[秦] 白起。

①为 [燕] 乐毅规划一条路线，约束条件和评估标准如下：
- 客卿：北、东、东北中任选空白位置作为起点，走十八步；至少经过四个区域；若经过第五个区域，另加三步；起点必须与将相邻（跨区域计算）；终点无需空白位置；不得重复经过某一位置。
- 联军：根据所经过的位置中已有"人物"计分（子 1/ 人、将 5/ 人、相 3/ 人、士 -1/ 人、空白位置 0 分）。

②为 [齐] 孙膑规划一条路线，约束条件和评估标准如下：
- 兵法：东、南、东南中任选空白位置作为起点，走十八步；至少经过四个区域；若经过第五个区域，另加三步；起点必须与将相邻（跨区域计算）；终点无需空白位置；不得重复经过某一位置。
- 对策：根据所经过的位置中已有"人物"计分（子 1/ 人、将 5/ 人、相 3/ 人、士 -1/ 人、空白位置 0 分）。

③为 [秦] 白起规划一条路线，约束条件和评估标准如下：
- 武安：西、北、西北中任选空白位置作为起点，走十八步；至少经过四个区域；若经过第五个区域，另加三步；起点必须与将相邻（跨区域计算）；终点无需空白位置；不得重复经过某一位置。
- 歼灭：根据所经过的位置中已有"人物"计分（子 1/ 人、将 5/ 人、相 3/ 人、士 -1/ 人、空白位置 0 分）。

（8）第三组：纵横。涉及三位人物，[周] 苏秦、[魏] 魏无忌、[秦] 张仪。

①为 [周] 苏秦规划一条路线，约束条件和评估标准如下：
- 相印：任选空白位置作为起点，走十八步；接触至少六国人物，若接触第七个国家，另加三步；起点不能与相相邻（跨区域计算）；终点必须在东 / 北 / 东北；不得重复经过某一位置。
- 合纵：根据所经过的位置中已有"人物"计分（子 -1/ 人、将 3/ 人、相 5/ 人、士 1/ 人、空白位置 0 分）。

②为 [魏] 魏无忌规划一条路线，约束条件和评估标准如下：

● 解围：任选空白位置作为起点，走十八步；接触至少六国人物，若接触第七个国家，另加三步；起点不能与相相邻（跨区域计算）；终点必须在西/南/西南；不得重复经过某一位置。

● 辅政：根据所经过的位置中已有"人物"计分（子-1/人、将3/人、相5/人、士1/人、空白位置0分）。

③为[秦]张仪规划一条路线，约束条件和评估标准如下：

● 游说：任选空白位置作为起点，走十八步；接触至少六国人物，若接触第七个国家，另加三步；起点不能与相相邻（跨区域计算）；终点必须在东/南/东南；不得重复经过某一位置。

● 连横：根据所经过的位置中已有"人物"计分（子-1/人、将3/人、相5/人、士1/人、空白位置0分）。

（9）第四组：慷慨。涉及两位人物，[燕]荆轲、[魏]唐雎。

①为[燕]荆轲规划一条路线，约束条件和评估标准如下：

● 图穷：起点在东北的任一空白位置，终点在西北的任一空白位置；沿（东北-东-北-西北）路线行进；不允许经过秦所在格；可选路线有空白格必须走；不得重复经过某一位置。

● 悲歌：积分等于36减步数。

②为[魏]唐雎规划一条路线，约束条件和评估标准如下：

● 缟素：起点在东南的任一空白位置，终点在西的任一空白位置；沿（东南-南-西南-西）行进；不允许经过秦所在格；可选路线有空白格必须走；不得重复经过某一位置。

使命：积分等于36减步数。

2. 裁决

（1）遇有下列情况，裁判予以玩家警告或扣除积分惩罚。

①人物错误：出现重复安置、漏掉安置等情况的玩家，当时予以制止，要求其更正错误；若进行到后续步骤时发现的，视影响程度要求其更正，并给予积分惩罚。

②违反约束：出现不满足某些约束条件的玩家，当时予以制止，要求其更正错误；若进行到后续步骤时发现的，视影响程度要求其更正，并给予积分惩罚。

③计分错误：出现多计分、少计分错误等情况的玩家，当时予以制止，要求其更正错误；若进行到后续步骤时发现的，视影响程度要求其更正，并给予积分惩罚。

④影响进程：回合内同种错误重复出现、计算超时、影响其他玩家行动的行为，视情节严重，可扣减一定数量的当前积分。

（2）胜负。多人游戏时，可根据积分多少来排列玩家名次。

3. 记录

所有安置方案标注在小地图上。

4. 补充规则

（1）随机数据：随机生成已有的人物安置情况；可以适当增减已有人物数量。

（2）限定时间：每一回合要求玩家在规定时间内完成。

（3）修订标准：可以调整评估标准的对应分值。

（4）简要书写：建议玩家在记录安置情况以及规划路线时，使用不影响识别的方式。

（5）其他情况：无裁判、出现上述规则及约定未提及的情形，需双方重新商定，确保公平性和可行性。

三、进程实例

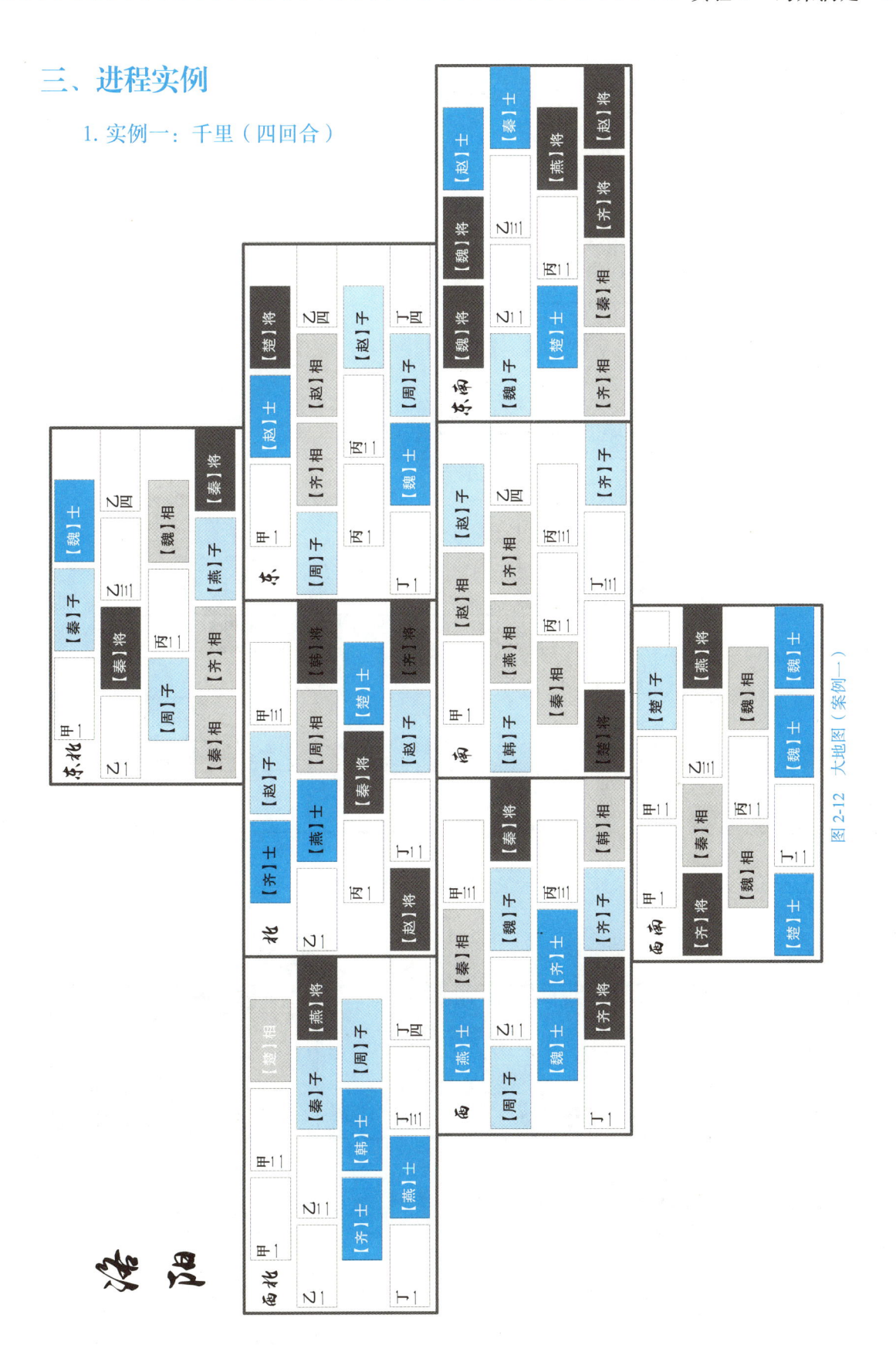

1. 实例一：千里（四回合）

图 2-12 大地图（案例一）

（1）[周]庄周，西北丁三，16+7=23。

①[赵]荀况，南丙二，15+8=23。

②[韩]韩非，北丁二，9+10=19。

③[楚]屈原，东南乙二，4+11=15。

（2）[燕]乐毅，东甲一出发，8×5+7×3+4×1=65。

①[齐]孙膑，东丁四出发，7×5+9×3+2×1=64。

②[秦]白起，西北丁四出发，8×5+8×3+2×1=66。

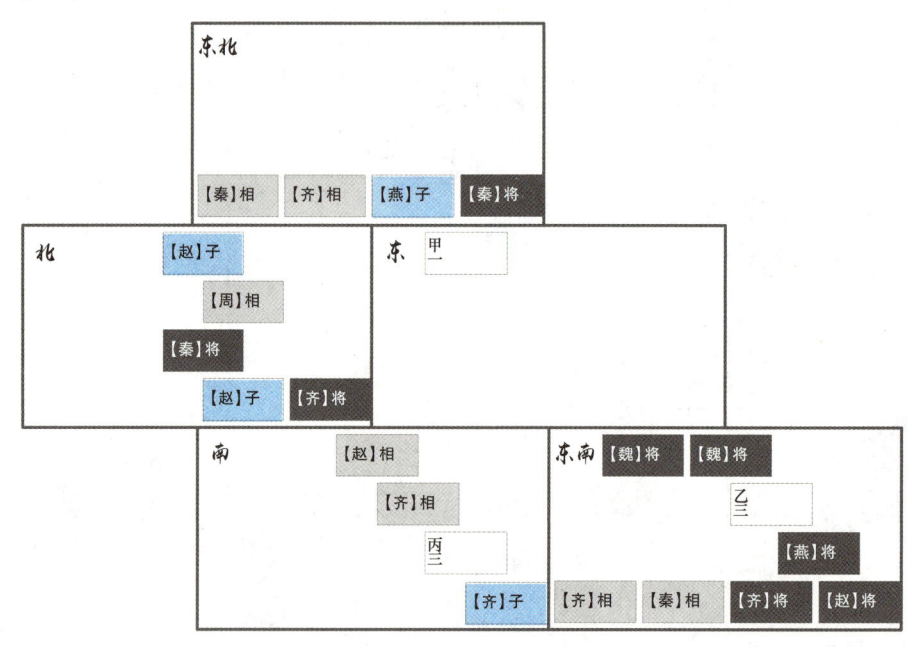

(a) 方案（乐毅）

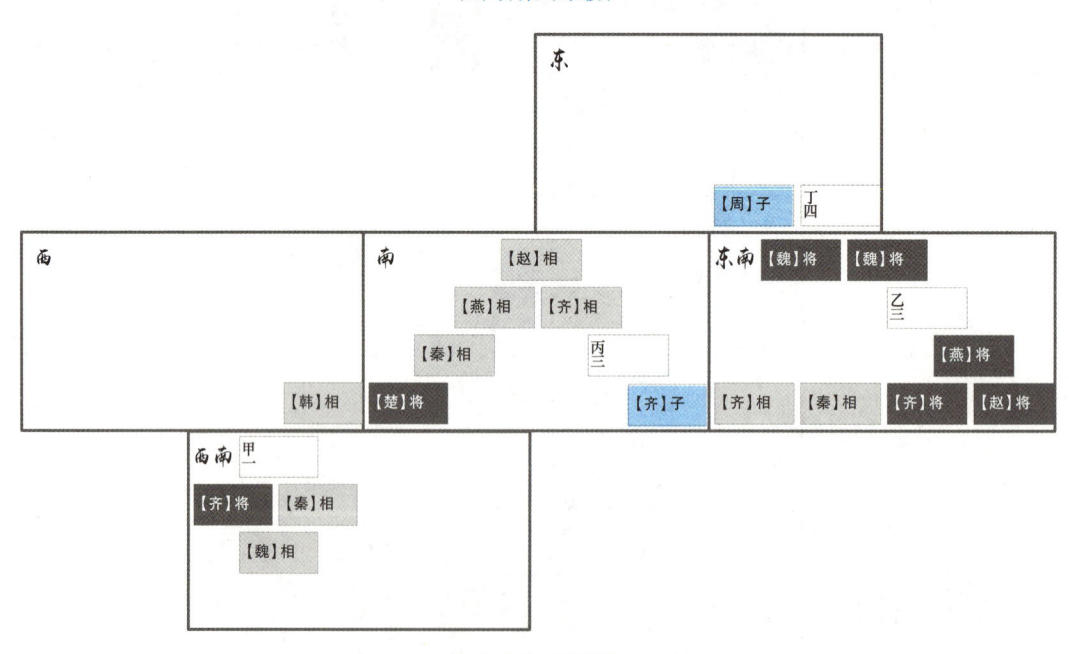

(b) 方案（孙膑）

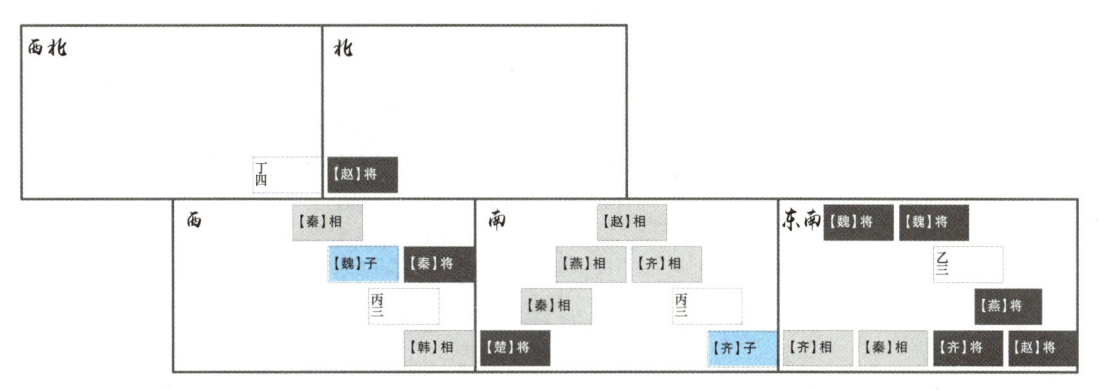

（c）方案（白起）

图 2-13　方案

（3）[周] 苏秦，北丙一出发，10×5+7×3+1×1=72。

①[魏] 魏无忌，东北乙一出发，11×5+5×3+1×1=70。

②[秦] 张仪，南丁三出发，10×5+6×3+2×1=70。

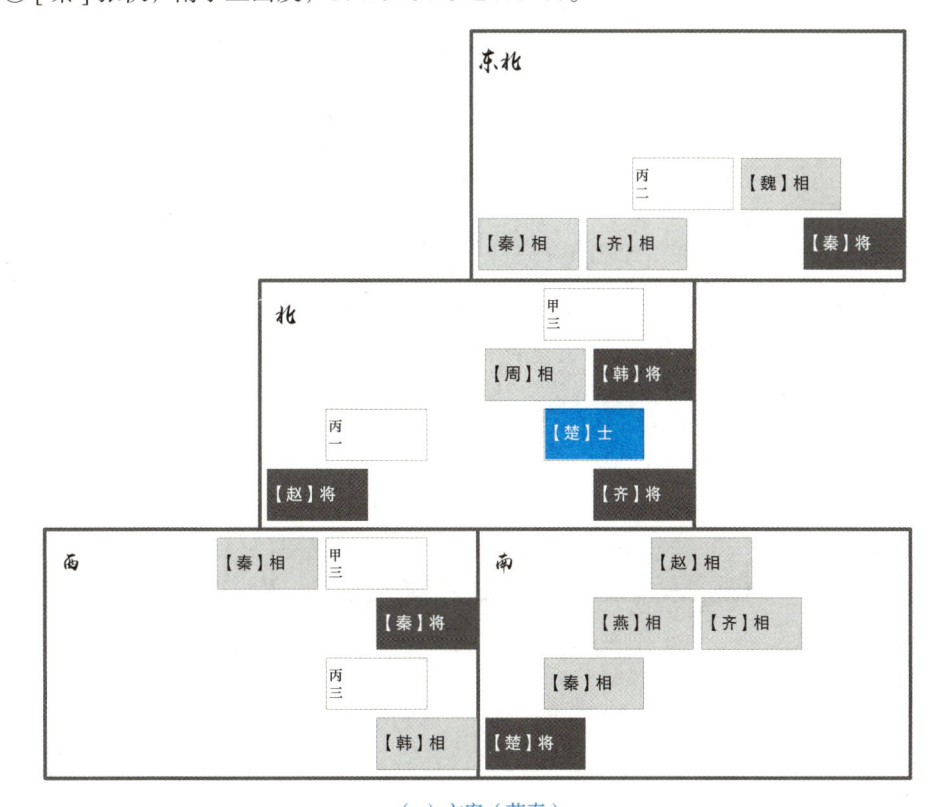

（a）方案（苏秦）

东北

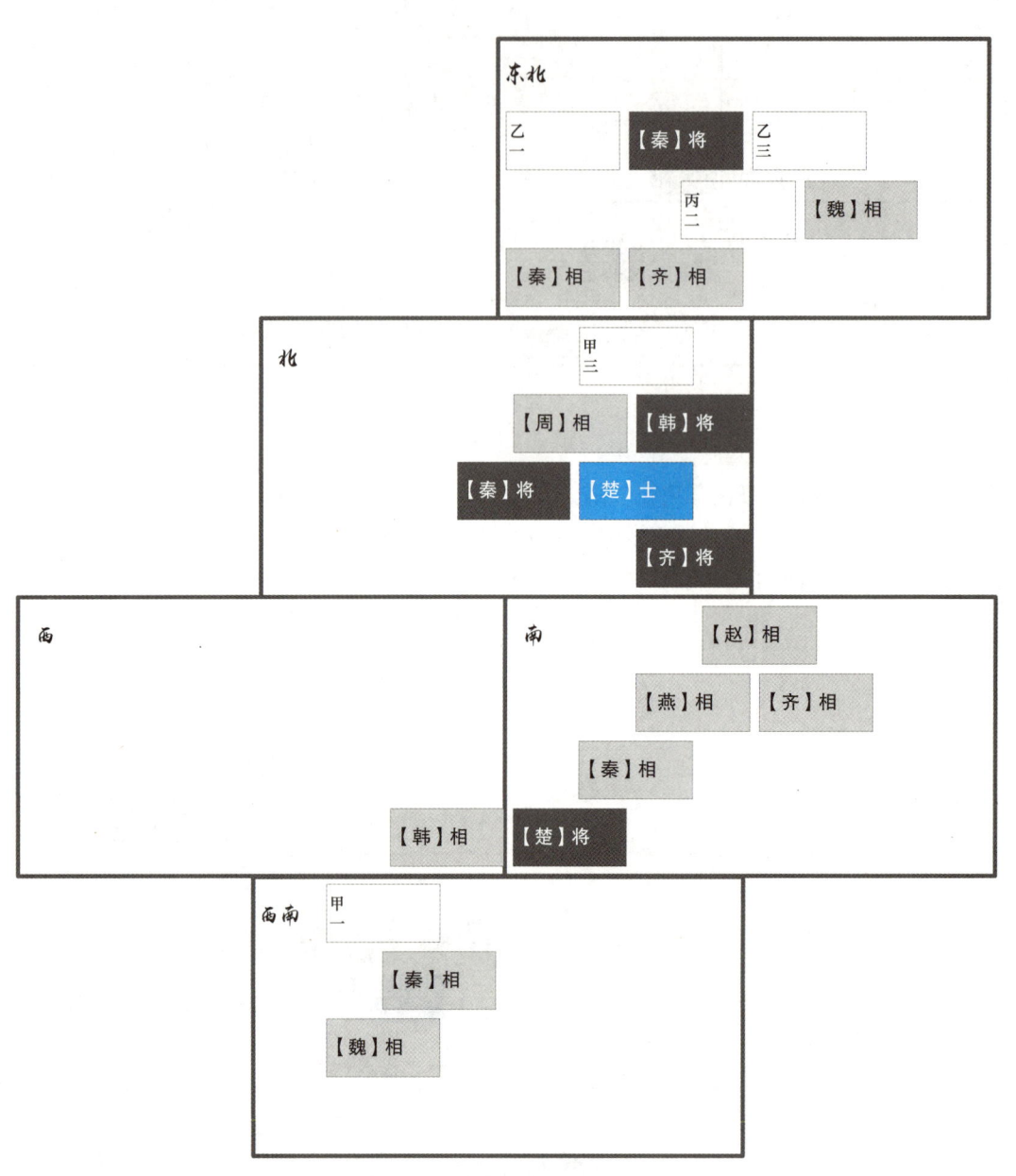

乙一　【秦】将　乙三

　　　丙二　【魏】相

【秦】相　【齐】相

北

甲三

【周】相　【韩】将

【秦】将　【楚】士

【齐】将

西

南

【赵】相

【燕】相　【齐】相

【秦】相

【韩】相　【楚】将

西南

甲一

【秦】相

【魏】相

（b）方案（魏无忌）

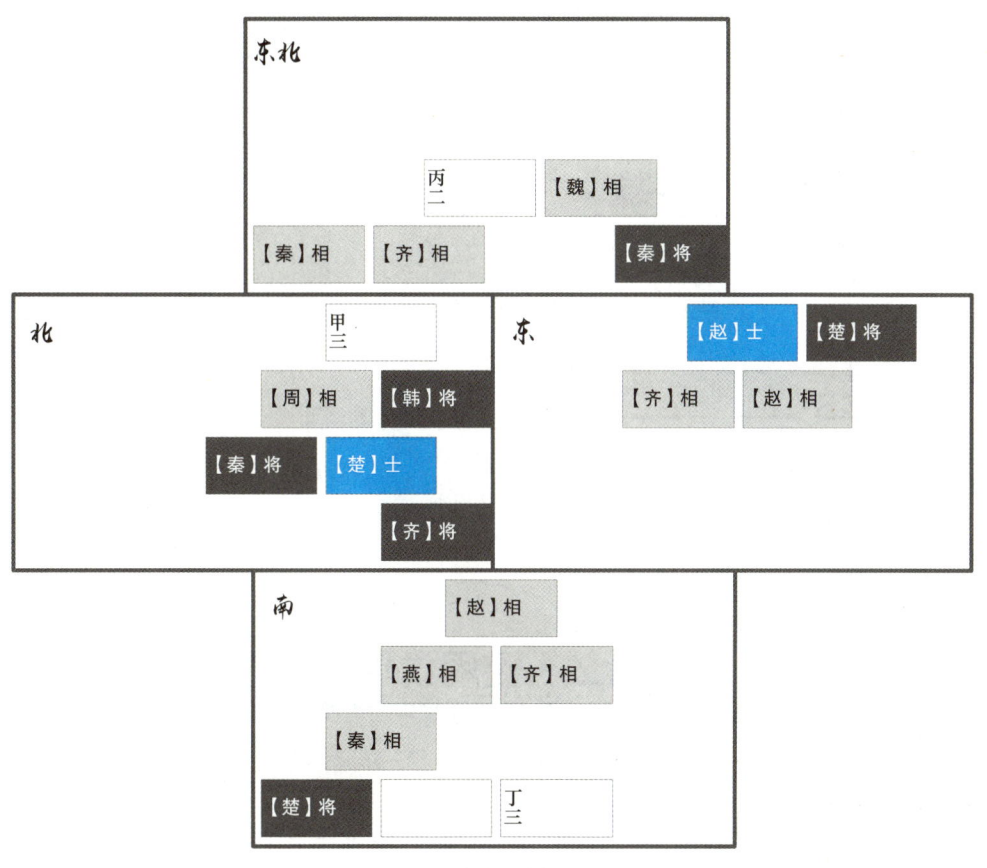

（c）方案（张仪）

图 2-14　方案

（4）[燕] 荆轲，东北乙四出发，36-16=20。

[魏] 唐雎，东南乙三出发，36-13=23。

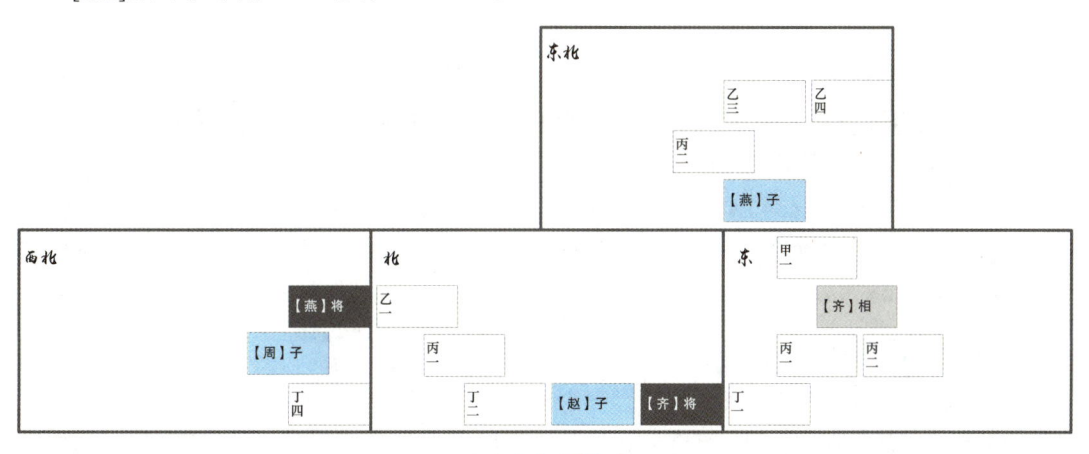

（a）方案（荆轲）

（b）方案（唐雎）

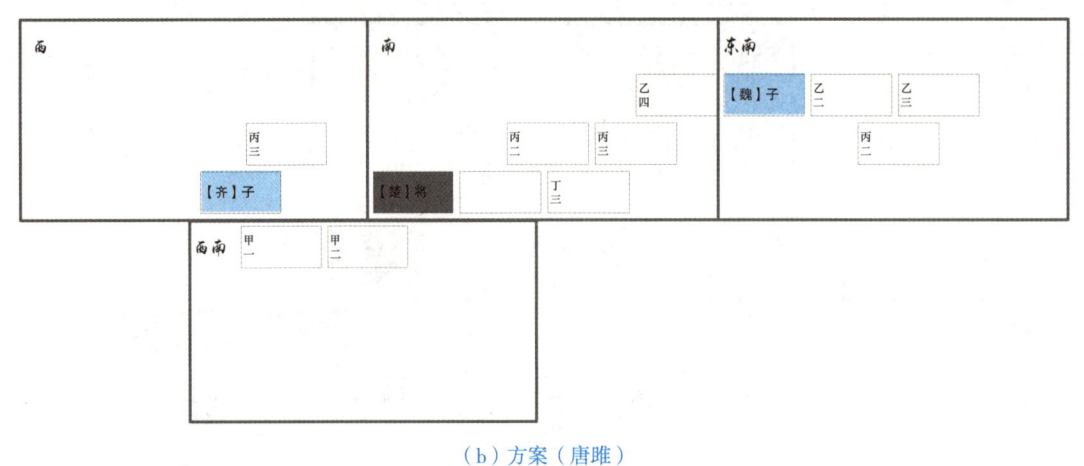

图 2-15　方案

使用说明

一、进程控制

1. 第一阶段：先修课程。

（1）相关知识。参与者应学习"管理学原理""生产与运作管理""运筹学"等课程的部分相关章节。

（2）感性认识。或对诸如人员排班、设施选址、设备布置等问题有基本认识，有一定数学基础。

2. 第二阶段：实验准备。

（1）人员组织。建议所有实验模块均采用单人形式，或按照学号对应的数字划分若干小组，对其公布不同的约束条件和评估标准。

（2）道具准备。事先印制相应的地图。"故国"需要含四个区域的"小地图"；"天下"需要含八个区域的"大地图"；"千里"需要含八个区域的"大地图"，且已有随机生成的部分安置状况。每人一份即可。

3. 第三阶段：讲解示范。

（1）规则讲解。按"规则"课件进行，三个模块有较为严格的衔接关系，其中"故国"与"天下"部分规则接近，且"故国"难度较低，应先讲解"故国"；而"千里"需要用到"天下"的完成方案，故最后讲解；要强调对"约束满足"过程模拟的基本逻辑是突出和简化，允许参与者讨论和提问，使参与者能够尽快理解规则。

（2）操作示范。按"实例"课件进行，可视情况与规则讲解同时进行；要强调思考和行动的关系，避免纠结于规则以及执行中的错误。

4. 第四阶段：模拟运行。

（1）行动纪律。实验采用"回合制"，需要参与者在有限的时间内"单独行动"，要强调思考时间和行动时间的快速有效，避免进程拖沓。

（2）核心循环。在参与者不断重复的过程中，个别指导与集体指导相结合，纠正常见的错误认识和执行中的失误行为，引导其在正常的行动层面完成实验。

5. 第五阶段：评定总结。

（1）计分排名。实验结果按积分即可排名，应重点奖励表现优异的参与者，同时鼓励而非惩罚表现较差的参与者。

（2）表现总结。要求每组或一些参与者陈词总结；对遵守规则、积极参与的行为表示肯定；对积分较高/较低的原因进行点评。

6. 第六阶段：实验结束。

（1）收取记录用的表格，可以此作为成绩评定的依据。

（2）反思实验中出现的特定状况，对不良影响予以处理；整理实验所用数据，对不当之处予以标记。

二、要点指导

1. 建议实验先按照基本规则进行，可以在随后的回合中适当调整和变化。
2. 实验准备阶段。要充分考虑参与者状况，备齐所需的道具。
3. 讲解示范阶段。要提醒参与者多关注约束满足过程模拟的内在逻辑，避免其对规则的过度质疑；引导、说明、演示简练有效，避免误导参与者。
4. 模拟运行阶段。要强调参与者要能够依据对所处局面合理判断实施恰当的匹配方案，避免对积分的盲目追求。
5. 评定总结阶段。要有以积分排名的形式并祝贺优胜者，重点在对参与者总结的点评，对常见失误、常规做法以及特定行为分别评价。
6. 实验结束阶段。要详细评阅记录表格，反思和总结实验中出现的问题。

实验 3

车辆路径

导航

本实验主要由"设计思路＋实验方案＋使用说明"三部分组成。

首先介绍实验的设计思路，然后展示实验"山海"的整体方案，分别讲解三个实验模块的规则，并以实例示范实验进程，最后从进程控制和要点指导讲解实验的使用说明。

设计思路

一、目标设定

1. 设计一种围绕货物运输展开的经营模拟实验，包含人员、车辆、货物、资金等多种生产要素、涉及站点布局、订单选择、货物组批、能力计划、车辆调度、空间存放、路径优化等多个经营环节。

2. 以流程设计、环境营造为主的规则设置既要清晰、简明地勾勒出车辆路径问题的特征，又要积极、有效地驱动参与者强烈的融入意愿；以规则调整、参数变化为主的进程控制既要符合货物运输过程的拓展和延伸，又要满足参与者多样性和趣味性的预期。

3. 在实验过程中，参与者应该能够感受到车辆路径问题的复杂性，能够认识到多种要素形成的组合与制约关系，能够理解多个环节形成的衔接与匹配机制，最终完成兼具效率和效果的决策。

4. 最终设计方案"山海"，包括三个模块：

（1）通达。模拟不同情景下的货物运输过程。课时建议 8 课时。

（2）经纬。改变条件、竞争环境。课时建议 4 课时。

（3）宏图。模拟竞争环境下以货物运输为主的经营活动。课时建议 8 课时。

二、需求分析

1. 需要多种要素、多个环节来模拟以货物运输为主的经营过程的复杂环境。

2. 需要多个指标、动态反馈，以持续地衡量参与者的行动方案。

3. 需要以自动生成为主的动态数据模拟变化，允许具备一定随机性特征。
4. 需要简单、自明的道具辅助参与者标识状态、完成决策、衡量效果。
5. 需要包括相互关联、重点不同的实验内容，确保相关知识点的掌握。
6. 需要根据参与者状态适当调整要求和进度，确保兴趣的合理迁移。

实训模块 1　通达

一、实训准备

1. 适应场景：模拟送货/取货过程。
2. 对局角色：玩家数不限，裁判一人（可选）。
3. 准备材料：地图 1 张；车辆牌 9 种，地点牌 76 种，物品牌 3 种，形状牌 15 种，总数与玩家数相匹配。

（1）地图[①]如下图 3-1 所示，地点分布如图 3-2 所示。黑色连线表示永久通路，蓝色连线表示临时通路。

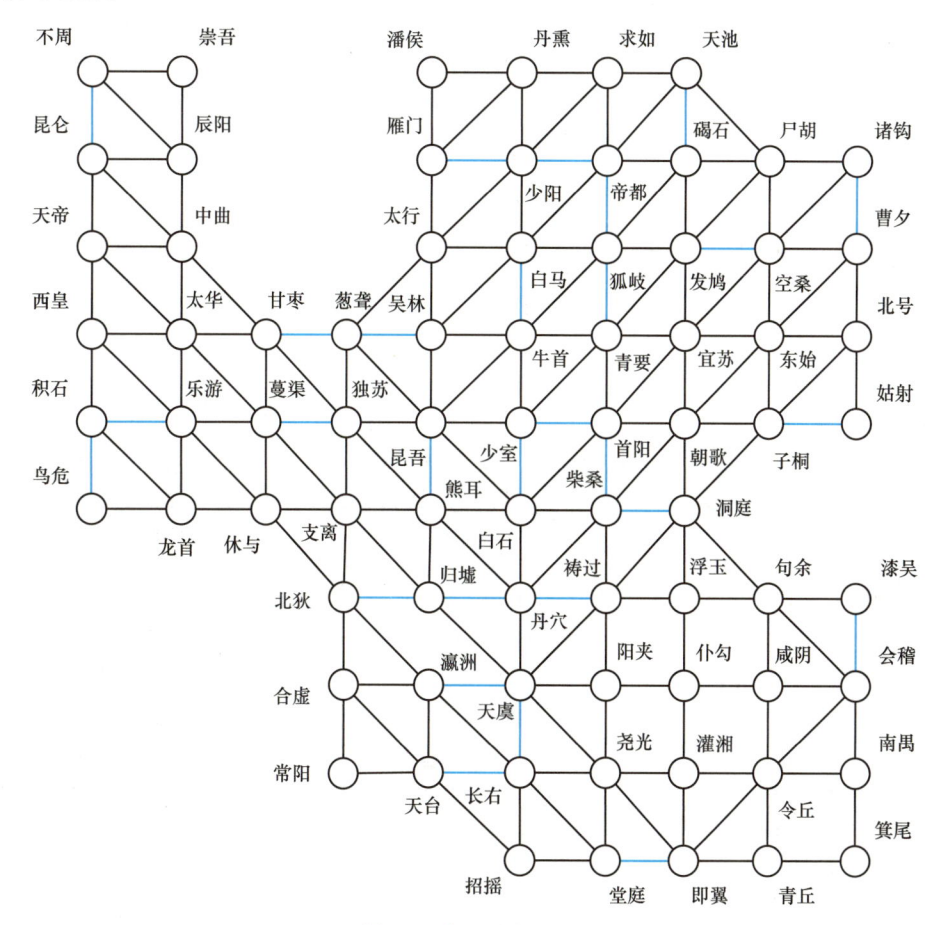

图 3-1　小地图（通达）

[①] 注：本实训地点名均选自《山海经》，与现实无关联，下文同。

（2）车辆牌（9种，白色背景）如图3-3所示。

（3）地点牌（72种，深蓝背景）如图3-4所示。

（4）价值牌（3种，深绿背景）如图3-5所示。

（5）形状牌（15种，深红背景）如图3-6所示。

- 小地图：地点较多，路线较少。
- 地点：76个地点，分属南山、中山、北山、东山、西山、大荒6个区域；南山20个地点【丹穴 祷过 浮玉 句余 漆吴 天虞 阳夹 仆勾 咸阴 会稽 长右 尧光 灌湘 令丘 南禺 招摇 堂庭 即翼 青丘 箕尾】、中山18个地点【甘枣 葱聋 吴林 牛首 青要 宜苏 蔓渠 独苏 昆吾 少室 首阳 朝歌 休与 支离 熊耳 白石 柴桑 洞庭】、北山12个地点【潘侯 丹熏 求如 天池 雁门 少阳 帝都 碣石 太行 白马 狐岐 发鸠】、东山8个地点【尸胡 诸钩 空桑 曹夕 东始 北号 子桐 姑射】、西山12个地点【不周 崇吾 昆仑 辰阳 天帝 中曲 西皇 太华 积石 乐游 鸟危 龙首】、大荒6个地点【北狄 归墟 合虚 瀛洲 常阳 天台】
- 路线：180根连线，63横线，63纵线，54斜线。
- 路线颜色为地形：黑色为普通地形，152根连线；彩色为特殊地形，28根连线。

不周	崇吾			潘侯	丹熏	求如	天池		
昆仑	辰阳			雁门	少阳	帝都	碣石	尸胡	诸钩
天帝	中曲			太行	白马	狐岐	发鸠	空桑	曹夕
西皇	太华	甘枣	葱聋	吴林	牛首	青要	宜苏	东始	北号
积石	乐游	蔓渠	独苏	昆吾	少室	首阳	朝歌	子桐	姑射
鸟危	龙首	休与	支离	熊耳	白石	柴桑	洞庭		
			北狄	归墟	丹穴	祷过	浮玉	句余	漆吴
			合虚	瀛洲	天虞	阳夹	仆勾	咸阴	会稽
			常阳	天台	长右	尧光	灌湘	令丘	南禺
					招摇	堂庭	即翼	青丘	箕尾

图3-2 地点分布（通达）

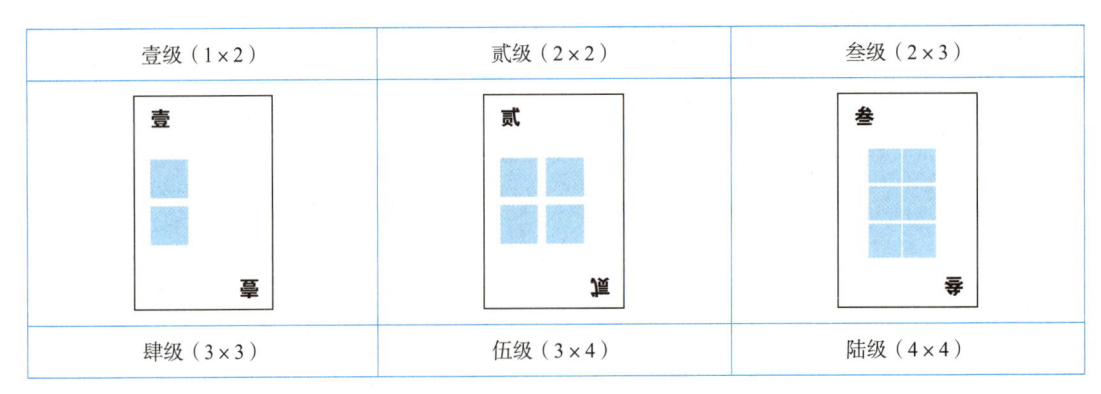

图3-3 车辆牌面（通达）

柒级（4×5）	捌级（5×5）	玖级（5×6）

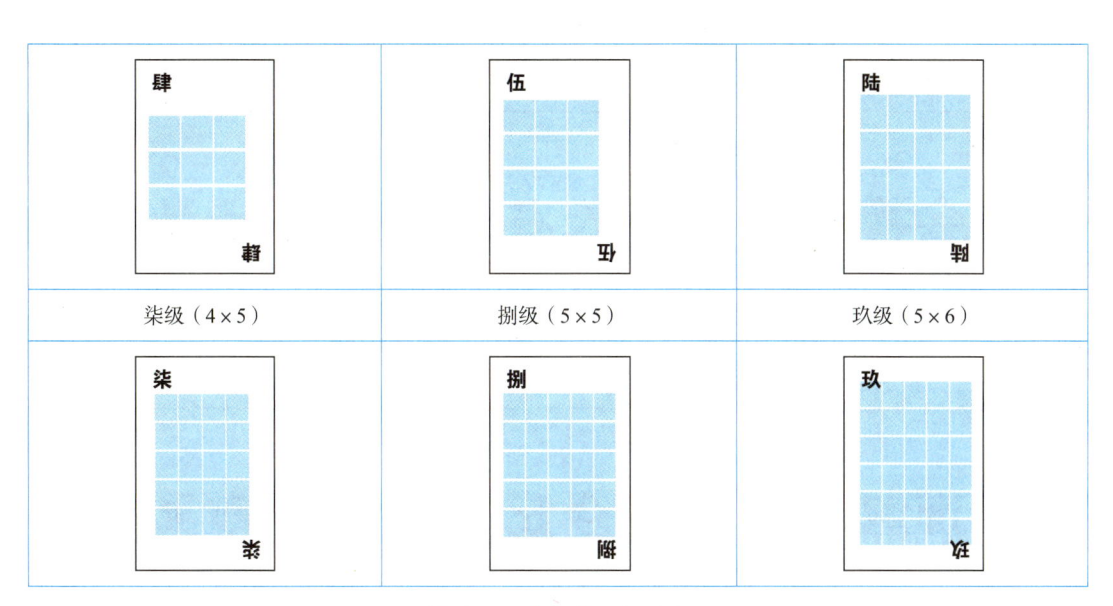

续图 3-3 车辆牌面（通达）

丹穴	祷过	浮玉
句余	漆吴	天虞
阳夹	仆勾	咸阴

图 3-4 地点牌面（通达）

会稽	长右	尧光
灌湘	令丘	南禺
招摇	堂庭	即翼
青丘	箕尾	
不周	崇吾	昆仑

续图 3-4 地点牌面（通达）

辰阳	天帝	中曲
辰阳	天帝	中曲
西皇	太华	积石
西皇	太华	积石
乐游	鸟危	龙首
乐游	鸟危	龙首
尸胡	诸钩	空桑
尸胡	诸钩	空桑
曹夕	东始	北号
曹夕	东始	北号

续图 3-4 地点牌面（通达）

子桐	姑射	
潘侯	丹熏	求如
天池	雁门	少阳
帝都	碣石	太行
白马	狐岐	发鸠

续图 3-4　地点牌面（通达）

甘枣	葱聋	吴林
甘枣	葱聋	吴林
牛首	青要	宜苏
牛首	青要	宜苏
蔓渠	独苏	昆吾
蔓渠	独苏	昆吾
少室	首阳	朝歌
少室	首阳	朝歌
休与	支离	熊耳
休与	支离	熊耳

续图 3-4　地点牌面（通达）

白石	柴桑	洞庭
白石	柴桑	洞庭
北狄	归墟	合虚
北狄	归墟	合虚
瀛洲	常阳	天台
瀛洲	常阳	天台

续图 3-4　地点牌面（通达）

三（×3）	六（×6）	九（×9）
三	六	九

图 3-5　价值牌面（通达）

1·1	2·1	3·1
1·1	2·1	3·1

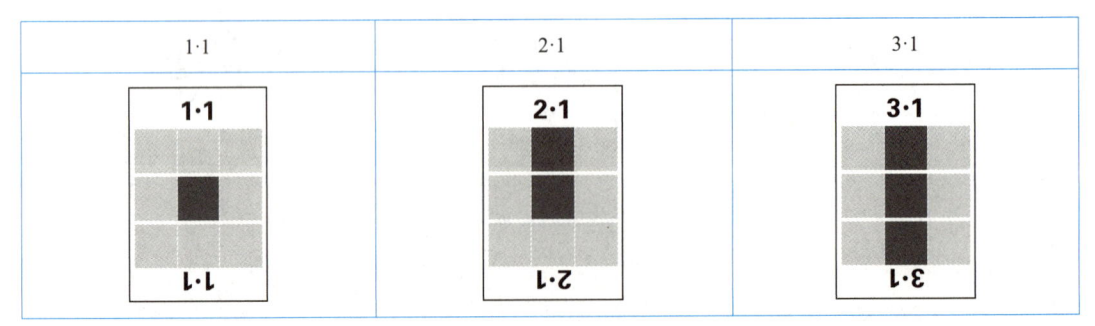

图 3-6　形状牌面（通达）

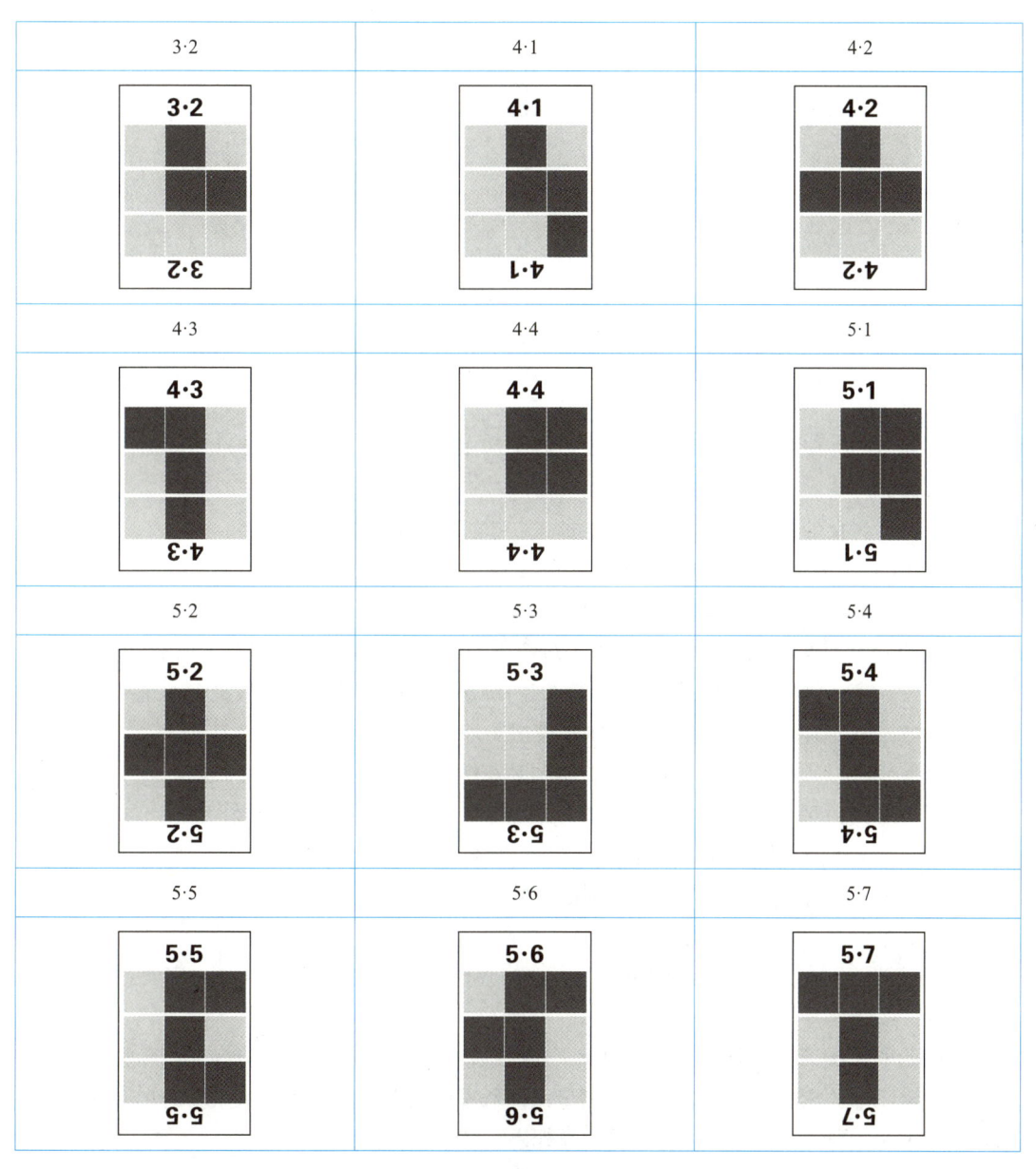

续图 3-6　形状牌面（通达）

二、规则讲解

1. 确定流程：定库—获单—运送—弃单—结算

流程开始前，确定回合数和胜负判定依据，以及公布流程所需所有参数。初始牌堆构成情况见表 3-1。

表 3-1　　　　　　　　　　初始牌堆构成情况（通达）

车辆级别	物品牌	价值牌	形状牌
壹、贰	全部	全部	【1·1+2·1】
叁、肆			【1·1+2·1+3·1+3·2】
伍、陆			【1·1+2·1+3·1+3·2+4·1+4·2+4·3+4·4】
柒、捌、玖			全部

（1）定库。形式上为玩家从牌堆抓取"地点牌"作为车库所在地点，定库须符合以下规则：

①两者选一：玩家首先随机抓取两张，选取其中之一作为车库所在地点；若两张牌地点重复，则必须选取。

②相互不同：玩家抓取到与之前玩家已确定的车库相同的地点，须再抽取一张，确保玩家都是从两张中选择，且确保所有玩家车库所在地点不同。

③玩家将各自的车库标记在地图相应地点，交还此地点牌。

（2）获单。形式上为玩家从牌堆抓取"地点牌"、"价值牌"和"形状牌"各一张，组合成一手"任务"，获单须符合以下规则：

①初始顺序：第一回合，随机确定一个玩家先获单，其后玩家按逆时针方向顺序轮流获单。

②正常顺序：之后的回合，当前级别最高的玩家中选取累计获得点数最多的玩家先获单；如果存在多人，则随机确定一人；"高中高先抓"。

③获单轮次：所有玩家可以抓单的轮次与其车辆级别相同；"几级抓几轮"。

④任务形成：每一玩家每一轮抓到的"地点牌"、"价值牌"和"形状牌"组成一手"任务"，任务可描述为"将这种形状的这一物品/价值送到这一地点"；"三张牌一手"。

⑤限制形状：当玩家抓到与车辆级别不符的"形状牌"，须置于弃牌堆，再摸一张替代之，直到符合要求为止；"限制牌必弃"。

（3）运送。形式上为玩家从本回合已抓取的任务中选择全部或部分任务去完成，满足限制、获得点数，运送须符合以下规则：

①初始顺序：第一回合，先获单的玩家先运送，其后玩家按逆时针方向顺序轮流运送。

②正常顺序：之后的回合，当前级别最低的玩家中选取累计获得点数最多的玩家先运送；如果存在多人，则随机确定一人；"低中高先出"。

③唯一出手：每一回合每一玩家只有一次运送机会，可以根据需要放弃本回合的运送机会。

④形状选择：本回合中，玩家须选择一种合理的堆叠方式，将所有要运送的任务置于车辆网格内，形状堆叠后得到的轮廓不能超出车辆容量的网格限制；若堆叠后得到的轮廓恰恰等同于车辆网格，可获得额外的点数。

⑤路线选择：本回合中，玩家须选择一条合理的路线，从车库出发，遍历所有要运送的任务要求送达的地点，路线必须是连通的。

⑥确定终点：完成任务之后需返回车库，也需要计算步点。

⑦行动讲解：玩家在地图上指示所选路线，并解释运送任务完成情况。

（4）弃单。玩家获单形成的任务牌中，未能完成运送的剩余牌为弃单。弃单需要扣除相应的点数，且分别堆放成为弃牌堆。

（5）结算。弃单之后，玩家进行本回合的积分结算，结算须符合以下规则：

①收支核验：当前积分 = 初始积分 + 任务奖励 - 折算步点 - 弃单惩罚 + 满载奖励 - 罚分。

②任务奖励：对玩家所有完成的任务进行奖励；多个任务奖励累加；每个任务奖励 = 物品价值乘以车辆积点乘以形状大小；

③折算步点：玩家完成任务所经过的地点数，加权计算；多个任务折算步点累减。每个任务折算布点 = 完成此任务需要的步数乘以权重；权重计算见表3-2。

表 3–2　　　　　　　　　　　　　步数权重

车载货物数量	0～3	4～6	7～9
步数权重	1	2	3

④弃单惩罚：玩家已抓取的任务无法完成【包括无法放置、或因物品禁忌而确定无法送达所导致的弃置任务等】，要被扣除积分；多个任务弃牌惩罚累减。每一次弃牌惩罚 = 物品价值乘以形状大小乘以等级参数；

⑤满载奖励：玩家所有完成的任务中的形状牌堆叠后轮廓正好能与车辆网格吻合，则奖励积分。满载奖励 = 车辆级别乘以车辆积点乘以等级参数；满载奖励见表3-3。

表 3–3　　　　　　　　　　　　　满载奖励

车辆级别	壹、贰、叁	肆、伍	陆、柒	捌、玖
级别	1、2、3	4、5	6、7	8、9
积点	2	3	4	5
等级参数	1	2	3	4
满载奖励	2、3、6	24、30	72、84	140、160、180

2. 裁决

（1）遇有下列情况，裁判予以玩家强制结束或扣除积分惩罚：

①牌面错误：出现多抓牌、错抓牌、未弃限制牌、混淆任务牌组合等情况的玩家，当时予以制止或更正；若进行到后续步骤时发现的，当前回合强制其停牌，计0分。

②出牌错误：出现形状选择错误、路线选择错误、存在物品禁忌等情况的玩家，当时予以制止，要求其重新出牌；若进行到后续步骤时发现的，当前回合强制其停牌，计0分，并罚两倍于当时车辆级别的积分。

③影响进程：回合内同种错误重复出现、计算超时，当前回合强制其停牌，计0分；存在影响其他玩家出牌的行为，视情节严重，可罚2～5倍于当时车辆级别的点数。

（2）胜负。多人游戏时，可根据积分多少来排列玩家名次；积分相同的情形，本回合获得积分多的玩家名次靠前。

3. 补充规则

（1）对局总数：事先确定，或以累计得分判定最终胜负。

（2）相同状态：可以将玩家面临的初始状态、每一回合的任务参数均设置为相同，以此取得的积分具有可比性。

（3）车辆升级：允许玩家在积分达到一定数量时，将车辆升级为更大的车辆；（建议256肆级、512伍级、1 024陆级、2 048柒级、4 096捌级、8 192玖级）。

（4）增加车库：可为玩家提供选取第二车库的机会，尝试模拟多车库的方式。

（5）增加车辆：允许玩家增加第二辆车，尝试模拟异质性车辆的方式。

（6）增加任务：允许玩家从超出车辆等级的多项任务中选择任务完成，以此方式弃置的任务不计入弃牌惩罚。

（7）无须返回：允许玩家完成任务后停留在任何地点，不必返回居所。

（8）道路限制：对地图中的彩色路线加以断路、权重加倍等限制。

（9）模拟取货：要求玩家空车出行，所有任务均为取货的方式。

（10）其他情况：无裁判、出现上述规则及约定未提及的情形，需双方重新商定，确保公平性和可行性。

三、进程实例

1. 实例一：单车送货，简单任务

伍级车辆（3×4），车库在昆吾，运送之后无须返回，所有路线均可通过。

任务清单见表3-4。

表3-4　　　　　　　　　　任务清单（实例一）

任务	地点	价值	形状
1	招摇	九	3·1
2	句余	三	1·1
3	白马	六	4·4

（续表）

任务	地点	价值	形状
4	宜苏	三	 1·1 ... 1·1
5	合虚	九	 3·2 ... 3·2

（1）步骤一：查看任务状况（表3-5），比较任务预期奖励。

表3-5　　　　　　　　　　任务清单（实例一）

任务	地点	价值	形状	任务奖励
1	招摇	九	3.1	27
2	句余	三	1.1	3
3	白马	六	4.4	24
4	宜苏	三	1.1	3
5	合虚	九	3.2	27

（2）步骤二：考虑约束和惩罚，根据任务奖励，且尽量满载，选取要执行的任务；方案（1-1），任务奖励为（27+3+24+3+27）×3=252，且格数为12；选取所有任务；估算装车状况（表3-6），考虑满载的可能性。

表3-6　　　　　　　　　　装车估算（实例一）

车辆	形状格数
伍级（3×4）	3+1+4+1+3=12

（3）步骤三：查看地点状况（图3-7），规划运送路线。

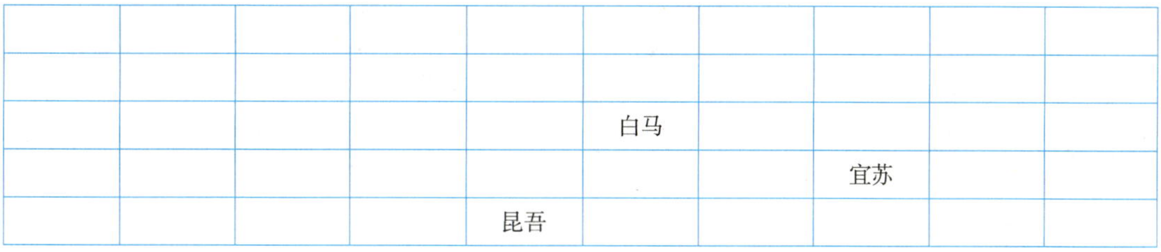

					白马			
							宜苏	
				昆吾				

图3-7　地点查看（实例一）

63

					句余
		合虚			
			招摇		

续图 3-7　地点查看（实例一）

（4）步骤四：实际装车（表 3-7）。

表 3-7　　　　　　　　　　装车状况（实例一）

车辆	形状格数
伍级（3×4）	3+1+4+1+3=12

（5）步骤五：实际运送路线（图 3-8）。

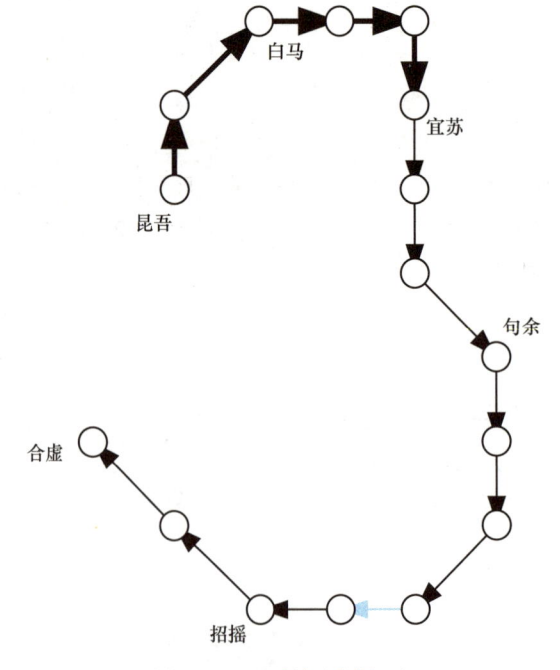

图 3-8　运送路线（实例一）

64

（6）步骤六：计算得分情况。

①每个任务奖励 = 物品价值乘以车辆积点乘以形状大小。

方案（1-1）：(27+3+24+3+27)×3=252

②每个任务折算步点 = 完成此任务需要的步数乘以权重。

方案（1-1）：5×2+10×1=20

③每一次弃单惩罚 = 物品价值乘以形状大小乘以等级参数。

方案（1-1）：无弃单。

④满载奖励 = 车辆级别乘以车辆积点乘以等级参数。

方案（1-1）：30

⑤获得积分 = 任务奖励 - 折算步点 - 弃单惩罚 + 满载奖励 - 罚分。

方案（1-1）：获得积分为 252-20+30=262

2. 实例二：单车送货，复杂任务

玖级车辆（5×6），车库在乐游，运送之后必须返回，仅黑色路线可通行。

任务清单（表3-8）。

表3-8　　　　　　　　　　　任务清单（实例二）

任务	地点	价值	形状
1	空桑	六	4·3
2	积石	九	4·2
3	崇吾	六	5·1

（续表）

任务	地点	价值	形状
4	即翼	六	4·1
5	乐游	三	1·1
6	太行	九	3·2
7	瀛洲	九	5·2
8	龙首	六	4·3
9	天台	六	3·1

（续表）

任务	地点	价值	形状
10	朝歌	九	5·7
11	合虚	六	5·6
12	龙首	九	4·4

（1）步骤一：查看任务状况（表3-9），比较任务预期奖励，最多选取9个任务。

表 3-9　　　　　　　任务清单（实例二）

任务	地点	价值	形状	任务奖励
1	空桑	六	4.3	24
2	积石	九	4.2	36
3	崇吾	六	5.1	30
4	即翼	六	4.1	24
5	乐游	三	1.1	3
6	太行	九	3.2	27
7	瀛洲	九	5.2	45
8	龙首	六	4.3	24
9	天台	六	3.1	18
10	朝歌	九	5.7	45
11	合虚	六	5.6	30
12	龙首	六	4.4	24

（2）步骤二：考虑约束和惩罚，根据任务奖励，且尽量满载，选取要执行的任务。

方案（2-1），选取任务2、3、6、7、8、10、12，任务奖励为（36+30+27+45+24+45+24）×5=1155，且格数为30。

方案（2-2），选取任务1、2、6、7、8、10、11，任务奖励为（24+36+27+45+24+45+30）×5=1155，且格数为30。

估算装车状况（表3-10），考虑满载的可能性。

表3-10　　　　　　　　　　　装车估算（实例二）

车辆	方案（2-1）	方案（2-2）
玖级（5×6）	4+5+3+5+4+5+4=30	4+4+3+5+4+5+5=30

（3）步骤三：查看地点状况（图3-9），规划运送路线。

方案（2-1）

	崇吾						
			太行				
积石	乐游					朝歌	
	龙首						
			瀛洲				

（a）

方案（2-2）

			太行			空桑	
积石	乐游					朝歌	
	龙首						
		合虚	瀛洲				

（b）

图3-9（b）　地点查看（实例二）

（4）步骤四：实际装车（表3-11）。

表 3–11　　　　　　　　　　　装车状况（实例二）

车辆	方案（2-1）	方案（2-2）
玖级（5×6）	4+5+3+5+4+5+4=30	4+4+3+5+4+5+5=30

（5）步骤五：实际运送路线（图 3-10）。

方案（2-1）：1×3+5×2+21×1=34。

方案（2-2）：1×3+6×2+18×1=33。

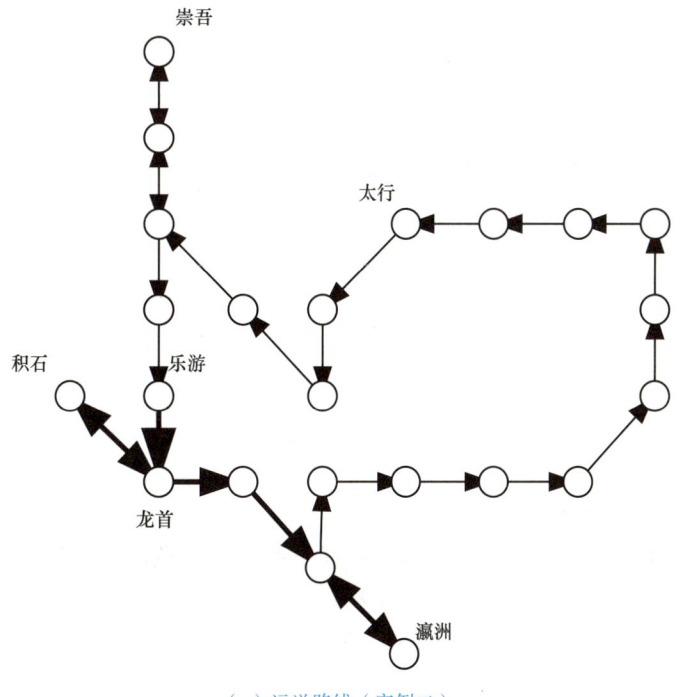

（a）运送路线（实例二）

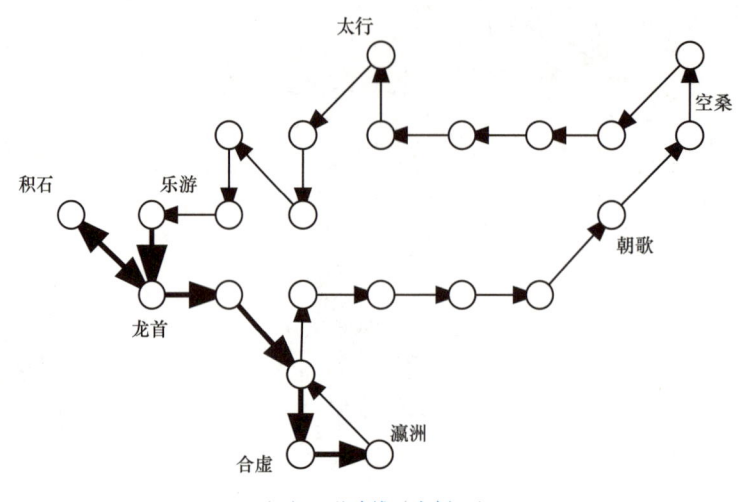

（b）运送路线（实例二）

图 3–10　运送路线实例

（6）步骤六：计算得分情况。

①每个任务奖励＝物品价值乘以车辆积点乘以形状大小。

方案（2-1）：（36+30+27+45+24+45+24）×5=1 155。

方案（2-2）：（24+36+27+45+24+45+30）×5=1 155。

②每个任务折算步点＝完成此任务需要的步数乘以权重。

方案（2-1）：1×3+5×2+21×1=34。

方案（2-2）：1×3+6×2+18×1=33。

③每一次弃单惩罚＝物品价值乘以形状大小乘以等级参数。

方案（2-1）：不计入弃单。

方案（2-2）：不计入弃单。

④满载奖励＝车辆级别乘以车辆积点乘以等级参数。

方案（2-1）：180。

方案（2-2）：180。

⑤获得积分＝任务奖励－折算步点－弃单惩罚＋满载奖励－罚分。

方案（2-1）：1155－34+180=1 301。

方案（2-2）：1155－33+180=1 302。

3. 实例三：两车送货，复杂任务

玖级车辆（5×6）和柒级车辆（4×5），车库在昆吾，运送之后必须返回，仅黑色路线可通行；任务清单（表3-12）。

（1）步骤一：查看任务状况，比较任务预期奖励，最多选取 9+7 个任务。

表 3-12　　　　　　　　　　　　任务清单（实例三）

任务	地点	价值	形状	任务奖励
1	丹熏	三	3.1	9
2	龙首	六	5.2	30
3	尧光	三	1.1	3
4	辰阳	三	1.1	3
5	丹熏	三	4.1	12
6	求如	九	1.1	9
7	浮玉	九	2.1	18
8	北号	六	5.3	30
9	漆吴	九	4.3	36
10	曹夕	六	5.1	30
11	崇吾	六	5.2	30
12	尸胡	三	5.3	15
13	辰阳	九	4.3	36
14	箕尾	九	5.2	45
15	堂庭	三	4.4	12
16	牛首	六	4.4	24
17	南禺	六	5.7	30
18	丹穴	六	3.1	18
19	常阳	六	4.1	24
20	昆仑	九	5.6	45
21	子桐	六	4.3	24
22	龙首	三	3.1	9
23	天池	三	4.4	12
24	合虚	六	5.4	30

（2）步骤二：考虑约束和惩罚，根据任务奖励，且尽量满载，选取要执行的任务。

①方案（3-1）。

- 玖级：选取任务 2、6、7、9、13、14、20、21。

任务奖励为（30+9+18+36+36+45+45+24）×5=1215，且格数为 30。

- 柒级：选取任务 3、4、8、10、17、18。

任务奖励为（3+3+30+30+30+18）×4=456，且格数为 20。

估算装车状况见表 3-13（a），考虑满载的可能性。

表 3-13（a）　　　　　　　　　　装车估算（实例三）

车辆	形状格数
玖级（5×6）	5+1+2+4+4+5+5+4=30
柒级（4×5）	1+1+5+5+5+3=20

②方案（3-2）。

● 玖级：选取任务 7、8、9、13、14、17、20。

任务奖励为（18+30+36+36+45+30+45）×5=1200，且格数为 30。

● 柒级：选取任务 10、16、18、19、21。

任务奖励为（30+24+18+24+24）×4=480，且格数为 20。

估算装车状况见表 3-13（b），考虑满载的可能性。

表 3-13（b）　　　　　　　　　　装车估算（实例三）

车辆	形状格数
玖级（5×6）	2+5+4+4+5+5+5=30
柒级（4×5）	5+4+3+4+4=20

（3）步骤三：查看地点状况（图 3-11），规划送货路线。

方案（3-1）玖级如图 3-11（a）所示。

方案（3-1）柒级如图 3-11（b）所示。

方案（3-2）玖级如图 3-11（c）所示。

方案（3-2）柒级如图 3-11（d）所示。

					求如			
昆仑	辰阳							
				昆吾			子桐	
		龙首						
						浮玉		漆吴
								箕尾

(a)

実验 3　车辆路径

	辰阳								
									曹夕
									北号
				昆吾					
				丹穴					
							尧光		南禺

(b)

昆仑	辰阳								
									北号
				昆吾					
							浮玉		漆吴
									南禺
									箕尾

(c)

									曹夕
					牛首				
				昆吾				子桐	
				丹穴					
			常阳						

(d)

图 3-11　地点查看（实例三）

（4）步骤四：实际装车（表 3-14）。

表 3-14　　　　　　　　　　　装车状况（实例三）

车辆	方案（3-1）	方案（3-2）
玖级（5×6）	5+1+2+4+4+5+5+4=30	2+5+4+4+5+5+5=30
柒级（4×5）	1+1+5+5+5+3=20	5+4+3+4+4=20

（5）步骤五：实际运送路线（图 3-12）。

①方案（3-1）。

- 玖级：6×3+9×2+21×1=47。
- 柒级：7×2+19×1=33。

②方案（3-2）。

- 玖级：5×3+8×2+16×1=47。
- 柒级：5×2+15×1=25。

（6）步骤六：计算得分情况。

①每个任务奖励 = 物品价值乘以车辆积点乘以形状大小。

- 方案（3-1）玖级车：（30+9+18+36+36+45+45+24）×5=1 215。
- 方案（3-1）柒级车：（3+3+30+30+30+18）×4=456。
- 方案（3-2）玖级车：（18+30+36+36+45+30+45）×5=1 200。
- 方案（3-2）柒级车：（30+24+18+24+24）×4=480。

②每个任务折算步点 = 完成此任务需要的步数乘以权重。

- 方案（3-1）玖级车：6×3+9×2+21×1=47。
- 方案（3-1）柒级车：7×2+19×1=33。
- 方案（3-2）玖级车：5×3+8×2+16×1=47。
- 方案（3-2）柒级车：5×2+15×1=25。

③每一次弃单惩罚 = 物品价值乘以形状大小乘以等级参数。

- 方案（3-1）玖级车：不计入弃单。

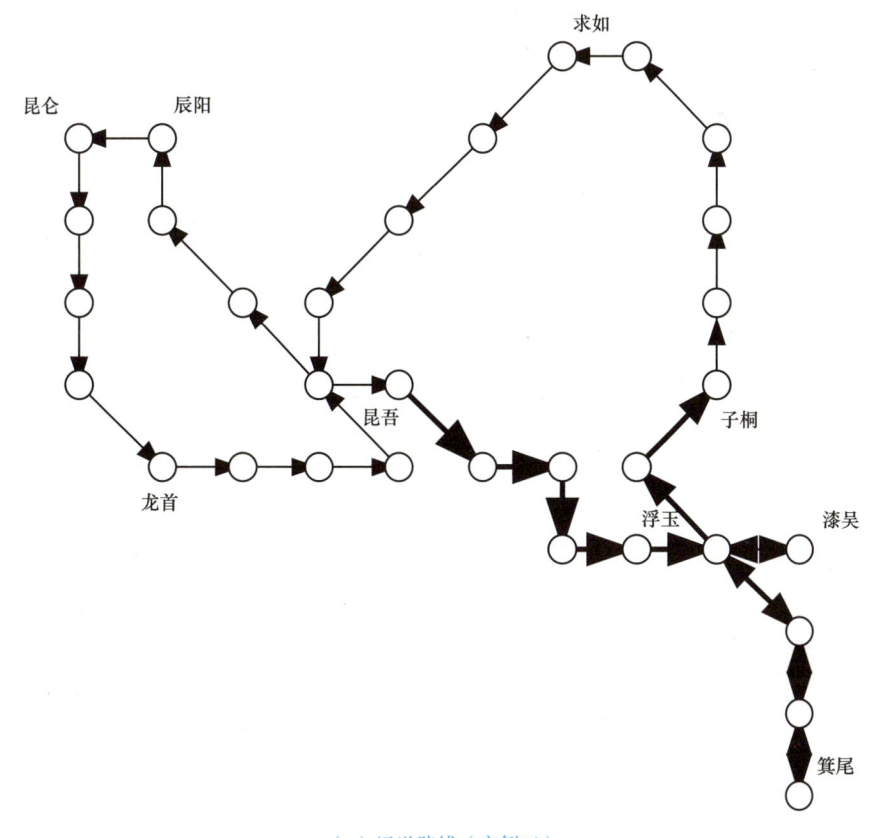

（a）运送路线（实例三）

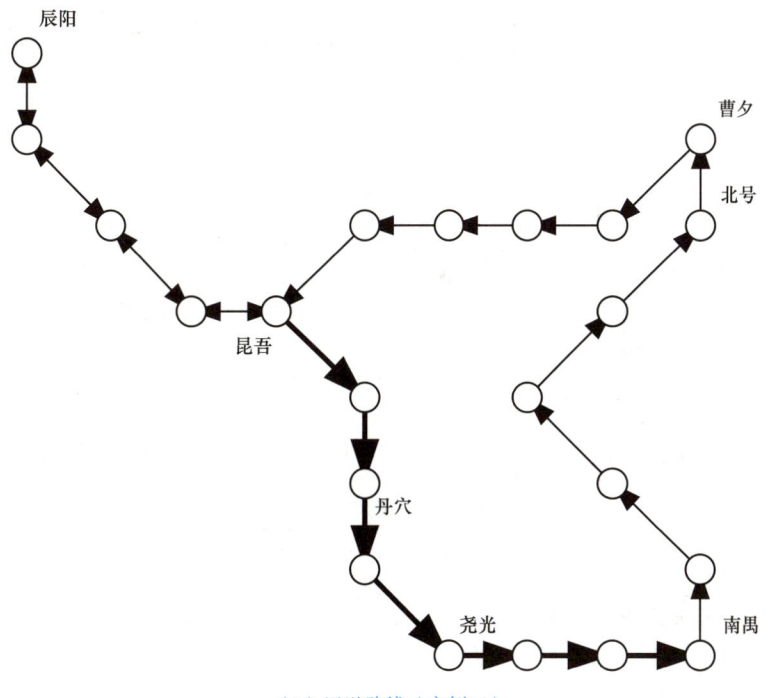

（b）运送路线（实例三）

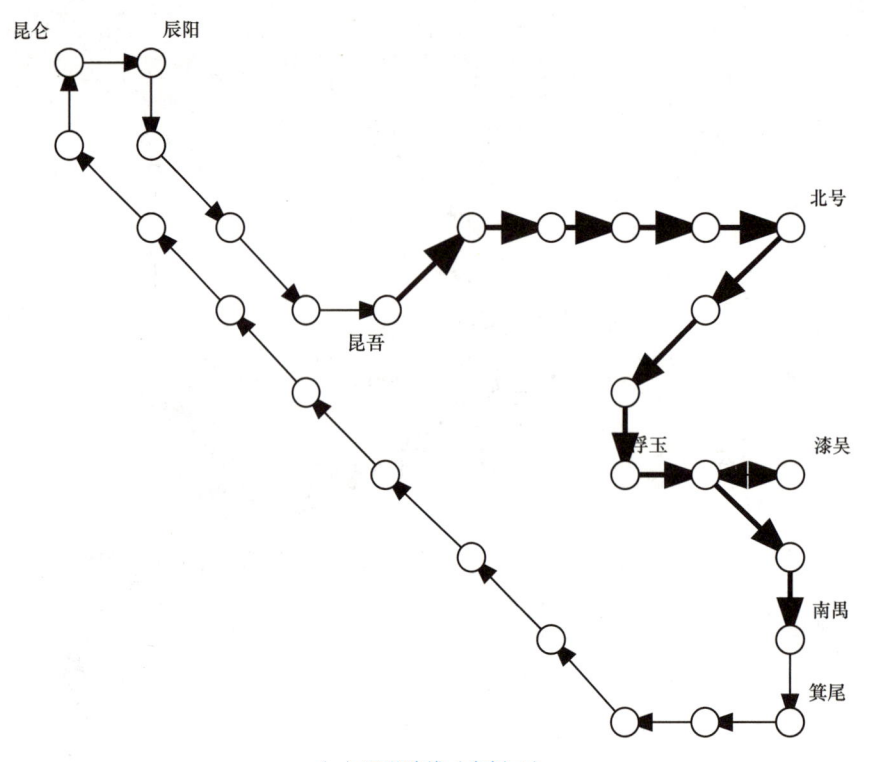

（c）运送路线（实例三）

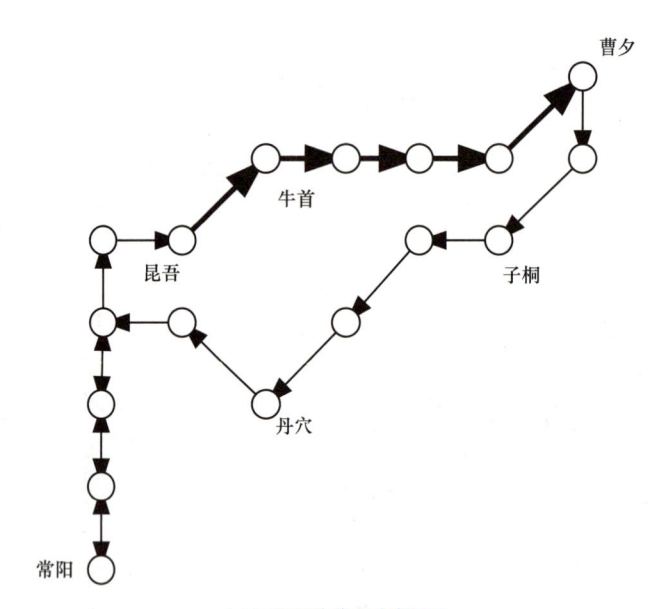

（d）运送路线（实例四）

图 3-12　运送路线实例

- 方案（3-1）柒级车：不计入弃单。
- 方案（3-2）玖级车：不计入弃单。
- 方案（3-2）柒级车：不计入弃单。

④满载奖励=车辆级别乘以车辆积点乘以等级参数。
- 方案（3-1）玖级车：180。
- 方案（3-1）柒级车：84。
- 方案（3-2）玖级车：180。
- 方案（3-2）柒级车：84。

⑤获得积分=任务奖励－折算步点－弃单惩罚＋满载奖励－罚分。
- 方案（3-1）玖级车：1 215 － 47 ＋ 180=1 348。
- 方案（3-1）柒级车：456 － 33 ＋ 84=507。
- 方案（3-1）总分：1 855。
- 方案（3-2）玖级车：1 200 － 47 ＋ 180=1 333。
- 方案（3-2）柒级车：480 － 25 ＋ 84=539。
- 方案（3-2）总分：1 872。

4. 实例四：两车取货，复杂任务

玖级车辆（5×6）若干，车库在昆吾，取货之后必须返回，所有路线均可通行；最少用多少车？要求总步点尽可能少。

任务清单（表3-15）。

表3-15　　　　　　　　任务清单（实例四）

天帝 9/4.4	中曲 6/3.2				狐岐 9/3.2		空桑 6/3.1	
		甘枣 9/4.1				宜苏 6/4.3		北号 6/4.2
				昆吾	少室 3/3.1			
鸟危 3/5.7	龙首 6/3.1				白石 6/3.2			
					丹穴 9/4.1		句余 3/5.1	
		合虚 6/3.2	瀛洲 6/4.1		阳夹 6/5.3			

（1）步骤一：查看任务状况，每车最多选取9个任务，且必须满足30格限制；共60格，至少需要2辆车（玖级）。

（2）步骤二：考虑约束和惩罚，选取要执行的任务。

方案（4-1）：

玖级（1）选取任务：天帝9/4.4、中曲6/3.2、甘枣9/4.1、鸟危3/5.7、龙首6/3.1、合虚6/3.2、瀛洲6/4.1、丹穴9/4.1。

玖级（2）选取任务：狐岐 9/3.2、空桑 6/3.1、宜苏 6/4.3、北号 6/4.2、少室 3/3.1、白石 6/3.2、句余 3/5.1、阳夹 6/5.3。

两辆车（玖级）可完成取货任务。

（3）步骤三：查看地点状况（图 3-13），规划送货路线。

方案（4-1）玖级（1）：

天帝 9/4.4	中曲 6/3.2							
		甘枣 9/4.1						
				昆吾				
鸟危 3/5.7	龙首 6/3.1							
					丹穴 9/4.1			
			合虚 6/3.2	瀛洲 6/4.1				

（a）

方案（4-1）玖级（2）：

					狐岐 9/3.2		空桑 6/3.1	
						宜苏 6/4.3		北号 6/4.2
				昆吾	少室 3/3.1			
					白石 6/3.2			
							句余 3/5.1	
					阳夹 6/5.3			

（b）

图 3-13　地点查看（实例四）

（4）步骤四：实际装车，装车状况（表3-16）

表3-16　　　　　　　　　　装车状况（实例四）

车辆	方案（4-1）玖级（1）	方案（4-1）玖级（2）
玖级（5×6）	4+3+4+5+3+4+3+4=30	3+3+4+4+3+3+5+5=30

（5）步骤五：实际运送路线。

方案（4-1）玖级（1）：8×1+5×2+3×3=27。

方案（4-1）玖级（2）：7×1+9×2+2×3=31。

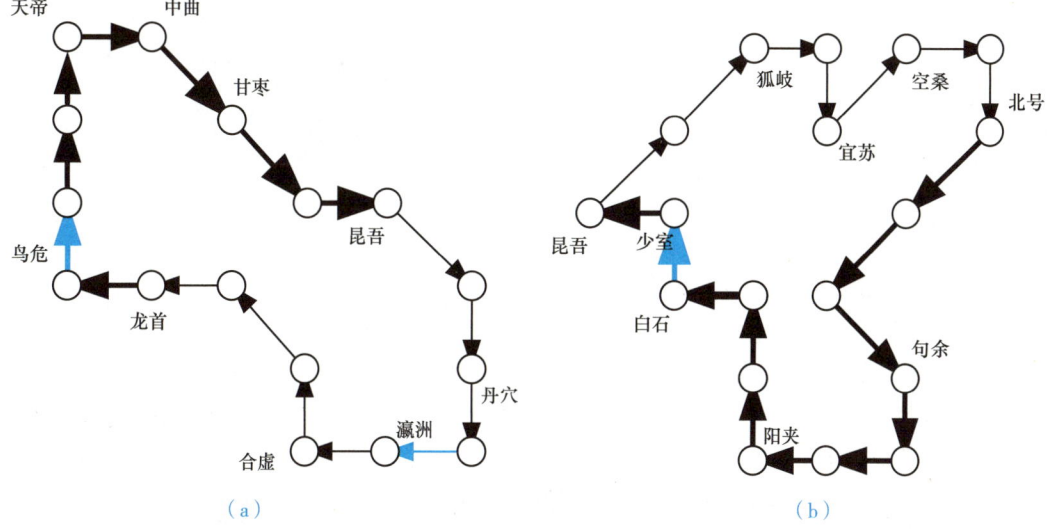

图3-14　运送路线（实例四）

（6）步骤六：计算得分情况。

总计：2车58步。

5.实例五：循环取货，复杂任务

玖级车辆（5×6）若干，完成送货与取货，车库在昆吾，送货到朝歌，取货后返回昆吾，所有路线均可通过；步点无须折算。

任务清单见表3-17。

表3-17　　　　　　　　　　　任务清单（实例五）

不周 9/2.1					丹熏 9/4.4				
	辰阳 9/5.2					帝都 9/5.3			诸钩 9/2.1
					白马 9/4.1			空桑 9/3.2	
	乐游						朝歌	子桐 9/4.3	
		休与 9/5.7							
					丹穴 9/4.1	祷过 9/5.4			
					天虞 9/4.3				
				天台 6/2.1				令丘 9/5.7	
									箕尾 9/3.1

（1）步骤一：查看任务状况，每车最多选取9个任务，且必须满足30格限制；送货29格，取货28格，尽量使用1辆车（玖级）。

（2）步骤二：考虑约束和惩罚，选取要执行的任务。

方案（5-1）：

送货：不周9/2.1、辰阳9/5.2、白马9/4.1、丹熏9/4.4、帝都9/5.3、诸钩9/2.1、空桑9/3.2、子桐9/4.3。

取货：箕尾9/3.1、令丘9/5.7、祷过9/5.4、天虞9/4.3、丹穴9/4.1、天台6/2.1、休与9/5.7。

（3）步骤三：查看地点状况，规划送货路线。

（4）步骤四：实际装车（表3-18）。

表 3-18　　　　　　　　　　　装车状况（实例五）

车辆	方案（5-1）送货	方案（5-1）取货
玖级（5×6）	2+4+5+5+2+4+3+4=29	5+4+5+4+2+5+5+3=28

（5）步骤五：实际运送路线（图 3-15）。

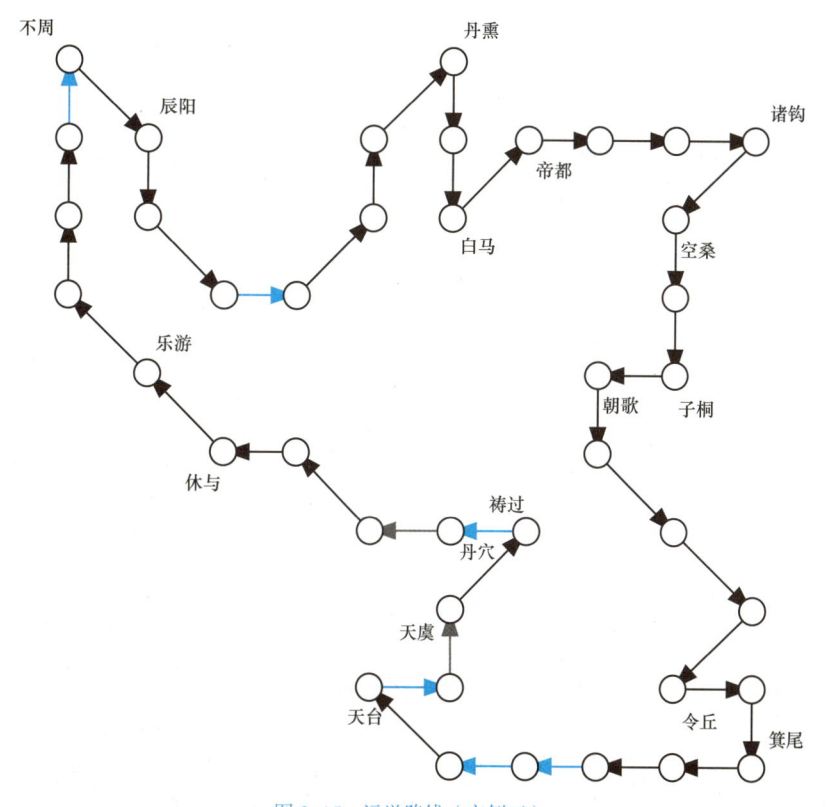

图 3-15　运送路线（实例五）

（6）步骤六：计算得分情况。
送货 21 步，取货 19 步。

6. 实例六：多车送货，复杂任务。

玖级车辆（5×6）若干辆，居所在昆吾，送货之后必须返回，所有路线可通行；装车时不必考虑形状，只有格数限制；步点无须折算。

最少用多少车？要求总步点尽可能少。

任务清单见表3-19。

表3-19　　　　　　　　　　　　任务清单（实例六）

不周 9/3.1	崇吾 6/4.3			潘侯 3/2.1	丹熏 9/5.7	求如 6/4.3	天池 6/4.1		
昆仑 6/4.1	辰阳 6/2.1			雁门 6/5.1	少阳 3/4.2	帝都 9/1.1	碣石 3/5.5	尸胡 3/3.2	诸钩 6/5.2
天帝 3/4.2	中曲 9/5.4			太行 6/5.4	白马 6/5.1	狐岐 9/5.4	发鸠 9/5.2	空桑 6/4.4	曹夕 9/2.1
西皇 6/3.2	太华 3/5.1	甘枣 6/4.4	葱聋 6/2.1	吴林 6/3.1	牛首 6/4.3	青要 6/4.1	宜苏 3/5.4	东始 6/4.2	北号 9/5.3
积石 6/2.1	乐游 6/4.2	蔓渠 6/5.6	独苏 9/4.1	昆吾 9/1.1	少室 6/3.2	首阳 3/4.4	朝歌 6/4.4	子桐 3/4.2	姑射 3/4.1
鸟危 3/5.5	龙首 3/1.1	休与 9/4.3	支离 3/3.1	熊耳 6/5.1	白石 6/5.7	柴桑 9/2.1	洞庭 3/2.1		
			北狄 9/5.5	归墟 9/4.4	丹穴 3/2.1	祷过 3/5.6	浮玉 6/5.2	句余 6/5.1	漆吴 3/2.1
			合虚 3/4.2	瀛洲 6/3.2	天虞 9/4.3	阳夹 6/3.1	仆勾 9/2.1	咸阴 3/2.1	会稽 6/1.1
			常阳 6/1.1	天台 6/2.1	长右 9/1.1	尧光 3/4.4	灌湘 6/4.1	令丘 3/1.1	南禺 6/4.1
					招摇 6/5.1	堂庭 9/5.6	即翼 6/3.2	青丘 9/3.2	箕尾 9/5.5

（1）步骤一：查看任务状况，每车最多选取9个任务，且必须满足30格限制；共272格，至少需要10辆车（玖级）。

（2）步骤二：查看地点情况，规划运送路线，为每一辆车组合要执行的任务；计算步点。

方案（6-1）：

01车：0【昆吾】→2【太行】6/5.4→3【雁门】6/5.1→4【潘侯】3/2.1→5【丹熏】9/5.7→6【少阳】3/4.2→7【白马】6/5.1→8【吴林】6/3.1→9【昆吾】；29/30。

02车：0【昆吾】→1【独苏】9/4.1→2【甘枣】6/4.4→3【中曲】9/5.4→4【辰阳】6/2.1→5【崇吾】6/4.3→6【不周】9/3.1→7【昆仑】6/4.1→8【天帝】3/4.2→12【昆吾】；30/30。

03车：0【昆吾】→2【蔓渠】6/5.6→3【太华】3/5.1→4【乐游】6/4.2→5【西皇】6/3.2→6【积石】6/2.1→7【鸟危】3/5.5→8【龙首】3/1.1→9【休与】9/4.3→12【昆吾】；29/30。

04车：0【昆吾】→2【支离】3/3.1→3【北狄】9/5.5→4【合虚】3/4.2→5【常阳】

6/1.1→6【天台】6/2.1→7【招摇】6/5.1→8【堂庭】9/5.6→9【长右】9/1.1→10【瀛洲】6/3.2→14【昆吾】；29/30。

05 车：0【昆吾】→1【白石】6/5.7→2【丹穴】3/2.1→3【天虞】9/4.3→4【阳夹】6/3.1→5【尧光】3/4.4→6【即冀】6/3.2→9【归墟】9/4.4→10【熊耳】6/5.1→11【昆吾】；30/30。

06 车：0【昆吾】→5【灌湘】6/4.1→6【令丘】3/1.1→7【青丘】9/3.2→8【箕尾】9/5.5→9【南禹】6/4.1→10【会稽】6/1.1→11【漆吴】3/2.1→12【句余】6/5.1→13【咸阴】3/2.1→18【昆吾】；27/30。

07 车：0【昆吾】→2【柴桑】9/2.1→3【祷过】3/5.6→4【浮玉】6/5.2→5【仆勾】9/2.1→11【葱聋】6/2.1→12【昆吾】；17/30。

08 车：0【昆吾】→2【首阳】3/4.4→3【朝歌】6/4.4→4【东始】6/4.2→5【曹夕】9/2.1→6【北号】9/5.3→7【姑射】3/4.1→8【子桐】3/4.2→9【洞庭】3/2.1→12【昆吾】；29/30。

09 车：0【昆吾】→2【青要】6/4.1→3【发鸠】9/5.2→5【诸钩】6/5.2→6【空桑】6/4.4→7【宜苏】3/5.4→10【昆吾】；23/30。

10 车：0【昆吾】→1【少室】6/3.2→2【牛首】6/4.3→3【狐岐】9/5.4→4【碣石】3/5.5→5【尸胡】3/3.2→6【天池】6/4.1→7【求如】6/4.3→8【帝都】9/1.1→11【昆吾】；29/30。

总计：10 车；121 步

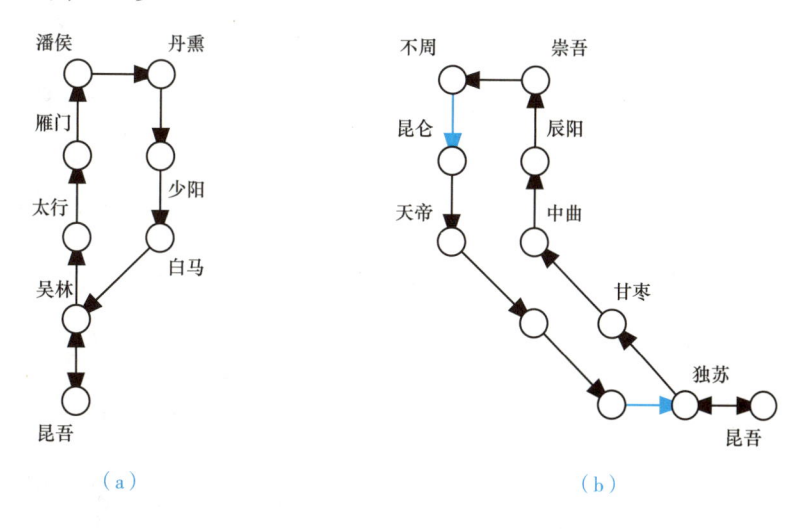

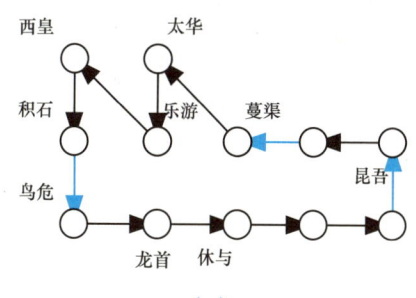

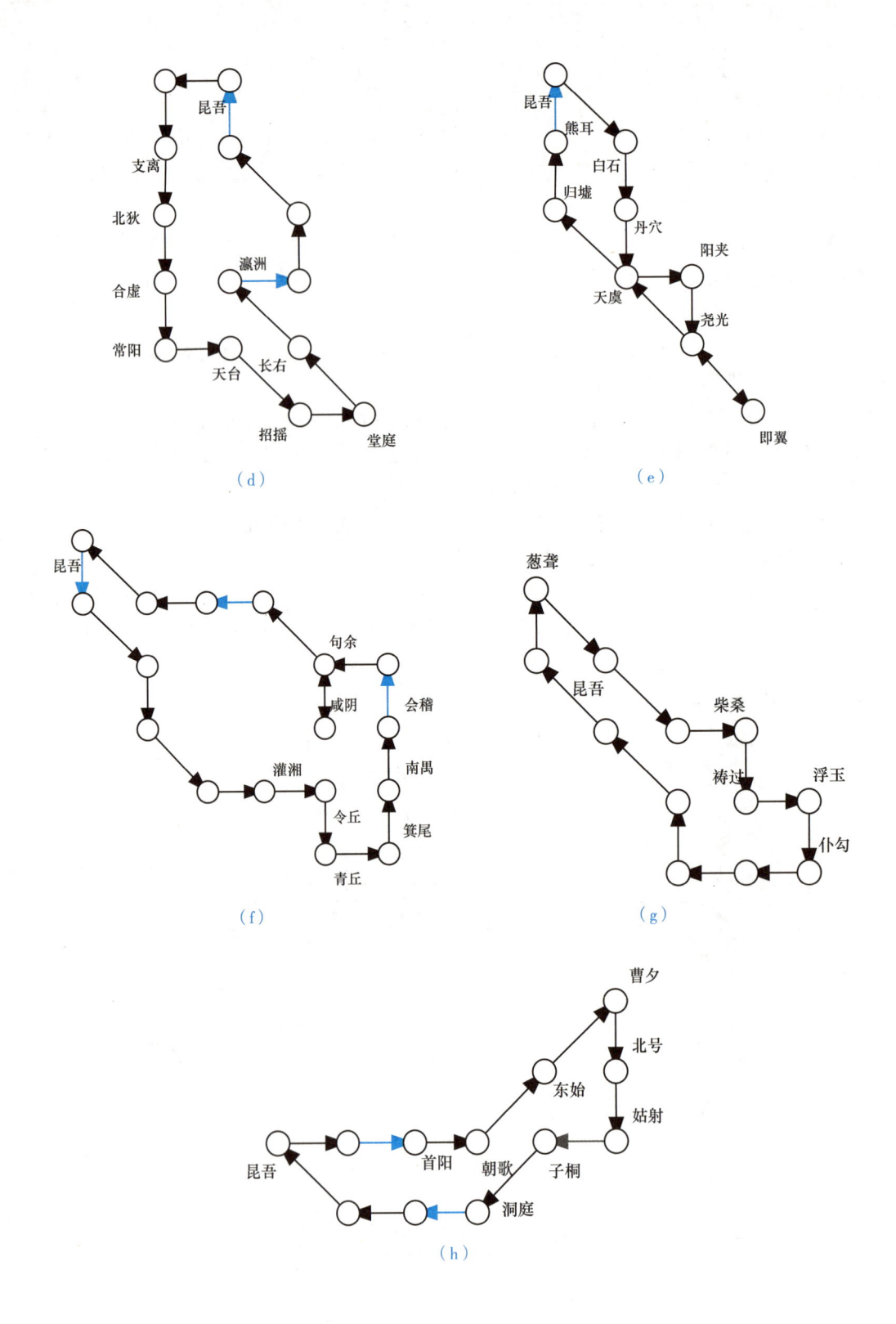

(d)

(e)

(f)

(g)

(h)

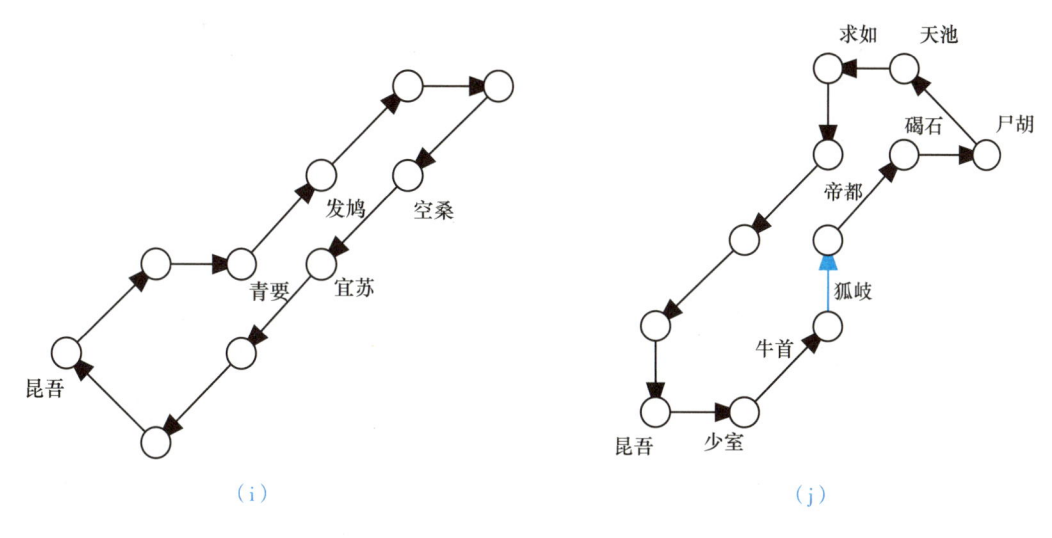

图 3-16　运送路线（实例六）

实训模块 2　经纬

一、实训准备

1. 适应场景：模拟送货/取货过程。

2. 对局角色：玩家 4-8 人，裁判一人（可选）。

3. 准备材料：大地图 1 张；神兽牌 9 种 72 张，地点牌 108 种 216 张，物品牌 12 种 72 张，形状牌 15 种 180 张；或总数与玩家数相匹配。

（1）大地图如图 3-17 所示，地点分布见表 3-20。

大地图。地点较多，路线较少。地图随游戏进程渐次打开，分南山、中山、北山、东山、西山、海内、海外，7 块地图。

地点。108 个地点，上下的天干地支为坐标；南山 20 个地点【丹穴 祷过浮玉 句余 漆吴 天虞 阳夹 仆勾 咸阴会稽 长右 尧光 灌湘 令丘 南禺 招摇 堂庭 即翼 青丘 箕尾】、中山 18 个地点【甘枣 葱聋 吴林 牛首 青要 宜苏 蔓渠 独苏 昆吾 少室 首阳 朝歌 休与 支离 熊耳 白石 柴桑 洞庭】、北山 12 个地点【潘侯 丹熏 求如 天池 雁门 少阳 帝都 碣石 太行 白马 狐岐 发鸠】、东山 8 个地点【尸胡 诸钩 空桑 曹夕 东始 北号 子桐 姑射】、西山 12 个地点【不周 崇吾 昆仑 辰阳 天帝 中曲 西皇 太华 积石 乐游 鸟危 龙首】、大荒 6 个地点【北狄 归墟 合虚 瀛洲 常阳 天台】、海内 12 个地点【蛇巫 月支 凌门 大泽 犬戎 蓬莱 枭阳 帝台 琅琊 伯虑 苍梧 幽都】、海外 20 个地点【深目 柔利 无肠 沃野 轩辕 邓林 平丘 劳民 肃慎 玄股 羽民 丹朱 大运 厌火 交胫 三苗 巫咸 无启 汤谷 黑齿】。

路线。173 根连线，71 横线，72 纵线，30 斜线；路线颜色为地形：

黑色为普通地形；125 根。

85

彩色为特殊地形：绿色为林，黄色为丘，紫色为野，蓝色为泽[①]；各12根。

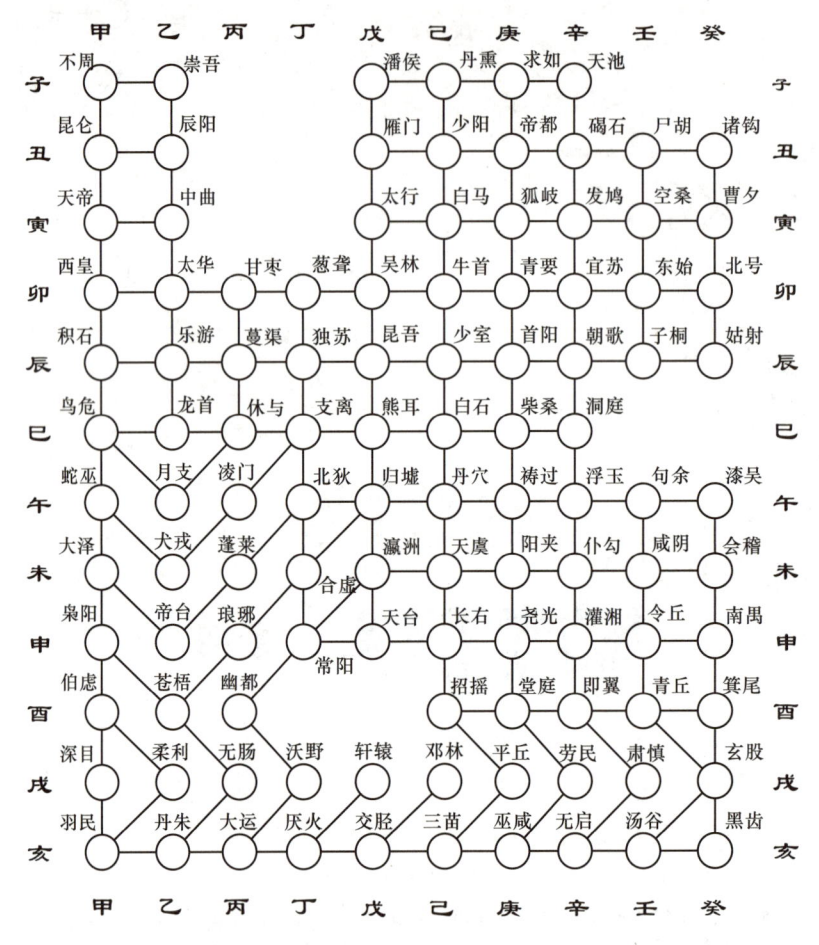

图3-17 大地图（经纬）

表3-20　　　　　　　　　　地点分布（经纬）

	甲	乙	丙	丁	戊	己	庚	辛	壬	癸
子	不周	崇吾			潘侯	丹熏	求如	天池		
丑	昆仑	辰阳			雁门	少阳	帝都	碣石	尸胡	诸钩
寅	天帝	中曲			太行	白马	狐岐	发鸠	空桑	曹夕
卯	西皇	太华	甘枣	葱聋	吴林	牛首	青要	宜苏	东始	北号
辰	积石	乐游	蔓渠	独苏	昆吾	少室	首阳	朝歌	子桐	姑射
巳	鸟危	龙首	休与	支离	熊耳	白石	柴桑	洞庭		
午	蛇巫	月支	凌门	北狄	归墟	丹穴	祷过	浮玉	句余	漆吴
未	大泽	犬戎	蓬莱	合虚	瀛洲	天虞	阳夹	仆勾	咸阴	会稽

[①] 印刷原因，图3-12以黑色连线代替彩色，彩图见课件资料。

86

申	枭阳	帝台	琅琊	常阳	天台	长右	尧光	灌湘	令丘	南禺
酉	伯虑	苍梧	幽都			招摇	堂庭	即翼	青丘	箕尾
戌	深目	柔利	无肠	沃野	轩辕	邓林	平丘	劳民	肃慎	玄股
亥	羽民	丹朱	大运	厌火	交胫	三苗	巫咸	无启	汤谷	黑齿

（2）神兽牌：72张神兽牌（4种 ×9级 ×2套）。

神兽牌面上标记有：名称、级别、网格、积点、特征信息，如图 3-18 所示。

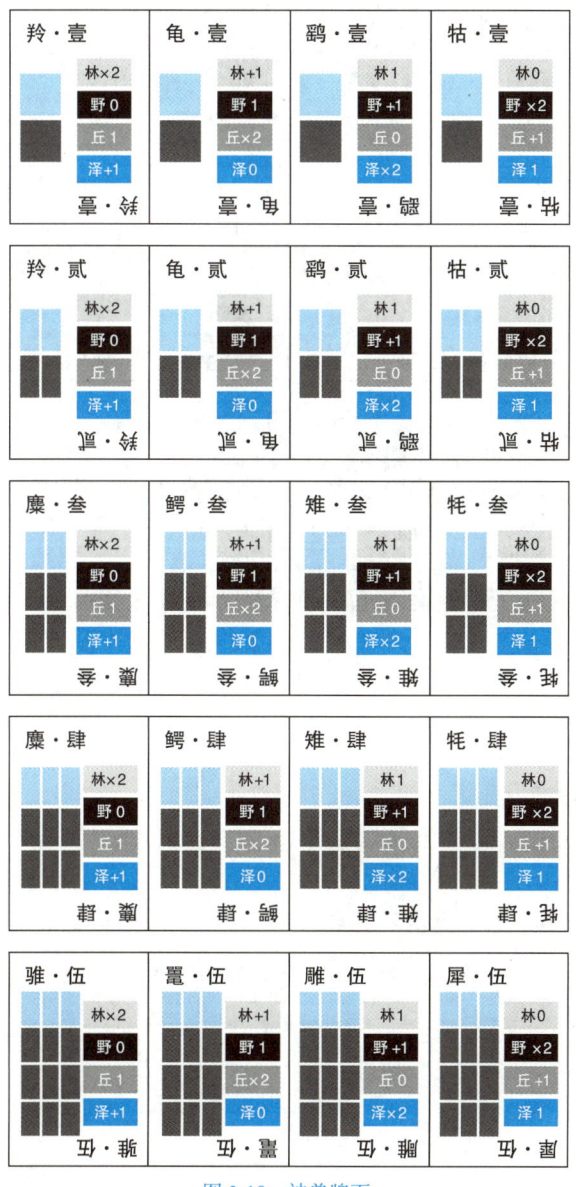

图 3-18 神兽牌面

续图 3-18　神兽牌面

神兽名称——明德【鹢→雉→雕→鸾→凤凰】、笃行【牯→牦→犀→兕→夔牛】、弘毅【龟→鳄→鼍→蛟→螭龙】、拓新【羚→麋→骓→驼→麒麟】。

神兽级别——【壹贰→叁肆→伍陆→柒捌→玖】。

神兽网格——包括容量和形状限制【1×2、2×2、2×3、3×3、3×4、4×4、4×5、5×5、5×6】。

神兽积点——神兽执行任务时的计分参数。

神兽名称、级别、网格、积点的对应关系见表 3-21（a）。

表 3-21（a）　　　　　　　　　　神兽参数

神兽名称	级别	网格	积点
鹢、牯、龟、羚	壹	1×2	2
	贰	2×2	
雉、牦、鳄、麋	叁	2×3	3
	肆	3×3	

(续表)

神兽名称	级别	网格	积点
雕、犀、鼍、骓	伍	3×4	4
	陆	4×4	
鸾、兕、蛟、驼	柒	4×5	5
	捌	5×5	
凤凰、夔牛、螭龙、麒麟	玖	5×6	6

神兽特征——表示神兽与地形的关系见表 3-21（b）。
0——经过此地形的路线时，不计算步点。
1——经过此地形的路线时，视为与普通地形等同。
+1——经过此地形的路线时，步点 +1；每回合只加一次。
×2——经过此地形的路线时，步点 ×2；累加。

表 3-21（b）　　　　　　　　　　　　神兽参数

神兽名称	林	野	丘	泽
明德【鹘→雄→雕→鸾→凤凰】	1	+1	0	×2
笃行【牦→牿→犀→兕→夔牛】	0	×2	+1	1
弘毅【龟→鳄→鼍→蛟→螭龙】	+1	1	×2	0
拓新【羚→麋→骓→驼→麒麟】	×2	0	1	+1

（3）地点牌（216 种）。
【南山（20 地点各 2 张）、中山（18 地点各 2 张）、北山（12 地点各 2 张）、东山（8 地点各 2 张）、西山（12 地点各 2 张）、大荒（6 地点各 2 张）、海内（12 地点各 2 张）、海外（20 地点各 2 张）】。
地点牌面上标记有：区域、名称、坐标信息，如图 3-19 所示。
地点名称——该地点的名称，与地图上的地点一一对应。
地点坐标——该地点的坐标位置。
地点区域——该地点所在区域，【南山、中山、北山、东山、西山、大荒、海内、海外】。

丹穴·己午	祷过·庚午	浮玉·辛午	句余·壬午	漆吴·癸午	归墟·戊午
南山	南山	南山	南山	南山	大荒

图 3-19　地点牌面（经纬）

天虞·己未	阳夹·庚未	仆勾·辛未	咸阴·壬未	会稽·癸未	瀛洲·戊未
南山	南山	南山	南山	南山	大荒

长右·己酉	尧光·庚申	灌湘·辛申	令丘·壬申	南隅·癸申	天台·戊申
南山	南山	南山	南山	南山	大荒

招摇·己酉	堂庭·庚酉	即翼·辛酉	青丘·壬酉	箕尾·癸酉	北狄·丁午
南山	南山	南山	南山	南山	大荒

深目·甲戌	柔利·乙戌	无肠·丙戌	沃野·丁戌	轩辕·戊戌	合虚·丁未
海外	海外	海外	海外	海外	大荒

邓林·己戌	平丘·庚戌	劳民·辛戌	肃慎·壬戌	玄股·癸戌	常阳·丁申
海外	海外	海外	海外	海外	大荒

甘枣·丙卯	葱聋·丁卯	吴林·戊卯	牛首·己卯	青要·庚卯	宜苏·辛卯
中山	中山	中山	中山	中山	中山

续图 3-19 地点牌面（经纬）

蔓渠·丙辰	独苏·丁辰	昆吾·戊辰	少室·己辰	首阳·庚辰	朝歌·辛辰
中山	中山	中山	中山	中山	中山

休与·丙巳	支离·丁巳	熊耳·戊巳	白石·己巳	柴桑·庚巳	洞庭·辛巳
中山	中山	中山	中山	中山	中山

西皇·甲卯	太华·乙卯	潘侯·戊子	丹熏·己子	求如·庚子	天池·辛子
西山	西山	北山	北山	北山	北山

积石·甲辰	乐游·乙辰	雁门·戊丑	少阳·己丑	帝都·庚丑	碣石·辛丑
西山	西山	北山	北山	北山	北山

鸟危·甲巳	龙首·乙巳	太行·戊寅	白马·己寅	狐岐·庚寅	发鸠·辛寅
西山	西山	北山	北山	北山	北山

不周·甲子	崇吾·乙子	尸胡·壬丑	诸钩·癸丑	月支·乙午	凌门·丙午
西山	西山	东山	东山	海内	海内

续图 3-19 地点牌面（经纬）

昆仑·甲丑	辰阳·乙丑	空桑·壬寅	曹夕·癸寅	犬戎·乙未	蓬莱·丙未
西山	西山	东山	东山	海内	海内

天帝·甲寅	中曲·乙寅	东始·壬卯	北号·癸卯	帝台·乙申	琅琊·丙申
西山	西山	东山	东山	海内	海内

羽民·甲亥	丹朱·乙亥	大运·丙亥	厌火·丁亥	交胫·戊亥	蛇巫·甲午
海外	海外	海外	海外	海外	海内

三苗·己亥	巫咸·庚亥	无启·辛亥	汤谷·壬亥	黑齿·癸亥	大泽·甲未
海外	海外	海外	海外	海外	海内

子桐·壬辰	姑射·癸辰	伯虑·甲酉	苍梧·乙酉	幽都·丙酉	枭阳·甲酉
东山	东山	海内	海内	海内	海内

续图 3-19 地点牌面（经纬）

（4）物品牌。72 张物品牌（4 种 ×3 级 ×（1 九 +2 三 +3 六）张）。物品牌面上标记有：属性、价值、名称、禁忌信息，如图 3-20 所示。

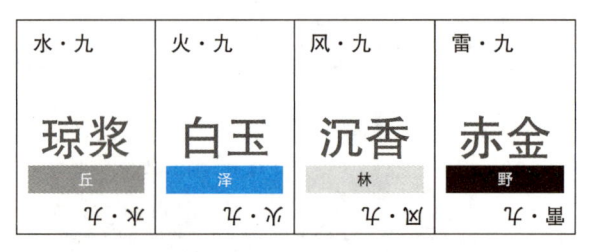

水·九	火·九	风·九	雷·九
琼浆	白玉	沉香	赤金
丘	泽	林	野
木·亡	火·亡	风·亡	墨·亡

图 3-20 物品牌面（经纬）

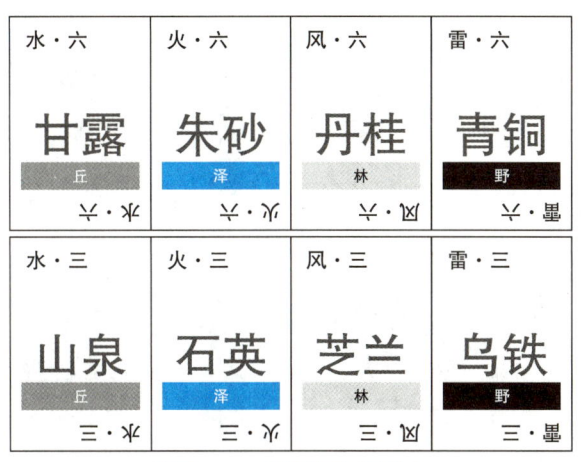

续图 3-20　物品牌面（经纬）

物品属性——【水、火、风、雷】。

物品价值——神兽执行任务时的计分参数，【三（24 张）、六（36 张）、九（12 张）】。

物品名称——【琼浆、甘露、山泉、白玉、朱砂、石英、沉香、丹桂、芝兰、赤金、青铜、乌铁】。

物品禁忌——该属性物品不能经过的地形，【林、野、丘、泽】。

物品属性、价值、名称、禁忌的对应关系见表 3-22。

表 3-22　物品参数

物品属性	价值	名称	禁忌
水	9	琼浆	丘
水	6	甘露	丘
水	3	山泉	丘
火	9	白玉	泽
火	6	朱砂	泽
火	3	石英	泽
风	9	沉香	林
风	6	丹桂	林
风	3	芝兰	林
雷	9	赤金	野
雷	6	青铜	野
雷	3	乌铁	野

（5）形状牌：180 张形状牌。

【1 点（18 张）、2 点（18 张）、3 点（两种各 18 张）、4 点（四种各 12 张）、5 点（六种各 10 张）】。

形状牌面上标记有：轮廓、大小、编号信息，如图 3-21 所示。

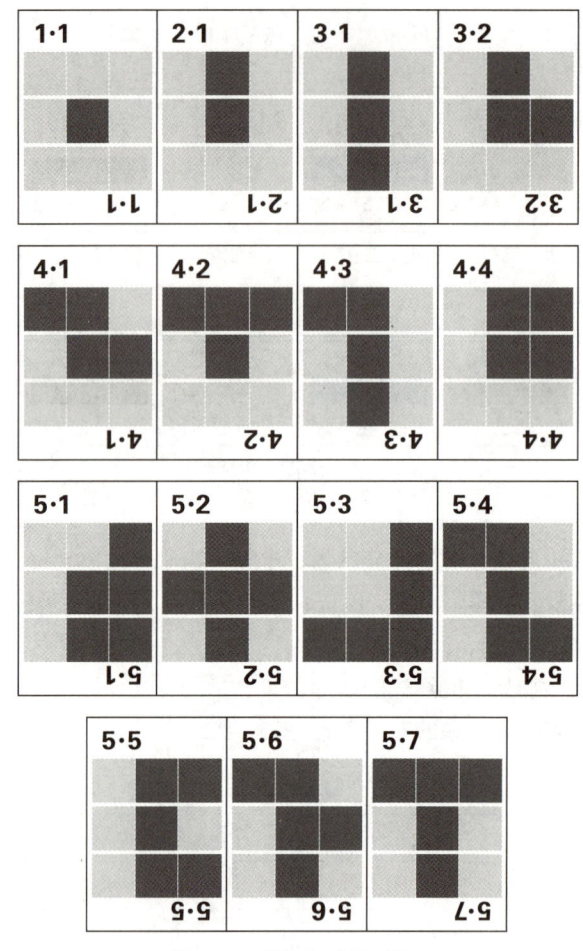

图3-21 形状牌面（经纬）

形状轮廓——九宫格中深灰部分为物品的形状外观，轮廓无上下左右区别。

形状大小——深灰部分的数目【1、2、3、4、5】。

形状编号——用于区分大小相同但轮廓不同的形状。

形状组合——一回合中用到两张或两张以上的形状牌时，须将两种或两种以上的物品按照其轮廓进行堆叠。

二、规则讲解

1. 确定流程：抽牌、落子、补牌、洗牌、抓牌、过牌、要牌、出牌、弃牌、停牌、升级

游戏开始前，裁判安排玩家随机就座，讲解规则，要求玩家抽牌和落子。

（1）抽牌。裁判将8张壹级神兽牌（4种×2套）组成牌堆，每个玩家随机抽取一张作为其游戏过程中的神兽牌，【鹬、牯、龟、羚】【壹】。

（2）落子。裁判将40张地点牌（南山）组成初始地点牌堆（表3-23），每个玩家随机抽取一张作为其游戏开始时所处初始位置，玩家将各自的棋子放置在地图相应地点后，交还此地点牌。

游戏按照回合进行，每回合前，裁判补牌、洗牌和堆牌。

（3）补牌。随着神兽的升级，裁判需要根据当前场上神兽的最高级别将"形状牌"和"地点牌"按要求依次加入到牌堆中。

表 3-23 初始牌堆构成情况（经纬）

神兽级别	物品牌	形状牌	地点牌	地图
壹	72 张【水、火、风、雷各 18 张，三 6 张、六 9 张、九 3 张】	36 张【1.1+2.1】	40 张【南山】	南山
贰			40+36 张【中山】	+中山
叁		72 张 36+【3.1+3.2】	76+24 张【北山】	+北山
肆			100+16 张【东山】	+东山
伍		120 张 72+【4.1+4.2+4.3+4.4】	116+24 张【西山】	+西山
陆			140+12 张【大荒】	+大荒
柒		180 张 120+【5.1+5.2+5.3+5.4+5.5+5.6】	152+24 张【海内】	+海内
捌			176+40 张【海外】	+海外
玖				

（4）洗牌。在下列情况时，裁判应将"物品牌""形状牌"和"地点牌"分别打乱顺序，重新随机排列：

补牌洗牌——补牌后。

强制洗牌——上一次洗牌后，又过了两个回合。

缺牌洗牌——回合结束后，某一牌堆明显不足以维持下一回合的正常进行；在回合中，某一牌堆因限制牌过多造成无法维持玩家完成抓牌时。

初始堆牌——应将洗牌完毕的"物品牌""形状牌"和"地点牌"牌面向下分别堆放。

弃牌牌堆——回合中所有弃牌也将分别堆放，裁判可选择将其牌面向上或向下。

每回合中，玩家依次抓牌、过牌、要牌、出牌、弃牌、停牌。

（5）抓牌。每回合玩家有多轮抓牌机会，每一轮每一玩家可以依次从牌堆抓取"物品牌"、"形状牌"和"地点牌"各一张；抓牌须符合以下规则：

初始抓牌顺序——第一回合，随机确定一个玩家先抓牌，其后玩家逆时针顺序轮流抓牌。

正常抓牌顺序——之后的回合，当前级别最高的玩家中选取累计获得点数最多的玩家先抓牌；如果存在多人，则随机确定一人；"高中高先抓"。

抓牌轮次——所有玩家可以抓牌的轮次与其神兽级别相同；"几级抓几轮"。

任务形成——每一玩家每一轮抓到的"物品牌""形状牌"和"地点牌"组成一手"任务"，任务可描述为"将这种形状的这一物品送到这一地点"；"三张牌一手"。

限制牌——当玩家抓到与神兽级别不符的"形状牌"或"地点牌"，须交给裁判置于弃牌堆，再抓一张替代之，直到符合要求为止；"限制牌必弃"。

（6）过牌。轮到某一玩家抓牌时，玩家可以根据需要选择不抓牌，则本回合不能再抓牌。

（7）要牌（表 3-24）。所有玩家抓牌结束之后，级别符合要求的玩家可以选择要牌，即将手中已有的任意一张"物品牌""形状牌"和"地点牌"交给裁判置于弃牌堆,再去牌堆里摸取一张同一类型的牌;要牌须符合以下规则:

神兽须符合一定的级别要求。

要牌需要扣除相应的点数。

要来的牌将替代原有牌的位置形成任务。

表 3-24　　　　　　　　　　　　　　　　要牌

神兽级别	柒	捌	玖
地点牌	可要 1 张	可要 1 张	可要 1 张
形状牌		可要 1 张	可要 1 张
物品牌			可要 1 张

（8）出牌。玩家须从本回合已抓取的任务中选择全部或部分任务去完成,满足限制、获得点数;出牌须符合以下规则:

初始出牌顺序——第一回合,先抓牌的玩家先出牌,其后玩家逆时针顺序轮流出牌。

正常出牌顺序——之后的回合,当前级别最低的玩家中选取累计获得点数最多的玩家先出牌;如果存在多人,则随机确定一人;**"低中高先出"**。

唯一出手——每一回合每一玩家只有一次出牌机会,可以根据需要放弃本回合的出牌机会。

形状选择——本回合中,玩家须选择一种合理的堆叠方式,将所有要出牌的任务置于神兽网格内,形状堆叠后得到的轮廓不能超出神兽容量的网格限制;若堆叠后得到的轮廓恰恰等同于神兽网格,可获得额外的点数(自伍级神兽起)。

路线选择——本回合中,玩家须选择一条合理的路线,从回合初所处位置起,遍历所有要出牌的任务要求送达的地点,路线必须是连通的;还需要满足物品禁忌,也就是不能经过尚未送达的物品中各种不允许经过的地形;不允许经过与神兽级别不符的地点。

棋子移动——玩家应持棋子在地图上按照所选路线进行移动,并解释完成任务情况;完成最后一个任务时,须将棋子停留在当地作为下一回合的初始位置。

（9）弃牌。玩家抓牌（要牌）形成的任务牌中,出牌之后的剩余牌为弃牌;弃牌需要扣除相应的点数（自叁级神兽起）;弃牌分别堆放成为弃牌堆。

（10）停牌。弃牌之后,玩家进行本回合的点数结算;须符合以下规则:

获得点数 = 任务奖励 - 折算步点 - 弃牌惩罚 + 满载奖励 - 要牌扣点 - 罚分

任务奖励——对玩家所有完成的任务进行奖励,**每一手任务奖励等于 = 物品价值乘以神兽积点乘以形状大小**;多手任务奖励累加。

折算步点——玩家完成所有任务所选路线经过的地点数,特殊地形须经过折算。

弃牌惩罚（表 3-25）——玩家自叁级起,已摸取的任务无法完成【包括无法放置、或因物品禁忌而确定无法送达所导致的弃置任务等】,要被扣除点数,**每一手弃牌惩罚 = 物品价值乘以形状大小**;多手任务弃牌惩罚累减。

表 3-25　　　　　　　　　　　　　　　弃牌惩罚

神兽级别	叁肆	伍陆	柒捌玖
弃牌惩罚	(3/6/9 乘以 1/2/3)	(3/6/9 乘以 1/2/3/4)	(3/6/9 乘以 1/2/3/4/5)

满载奖励（表 3-26）——玩家自伍级起，玩家所有完成的任务中的形状牌堆叠后轮廓正好能与神兽网格吻合，则奖励点数，**满载奖励 = 神兽级别乘以神兽积点**。

表 3-26　　　　　　　　　　　　　　　满载奖励

神兽级别	伍	陆	柒	捌	玖
满载奖励	20	24	35	40	45

要牌扣点（表 3-27）- 玩家自柒级起，允许要牌但须扣除相应的点数；多张要牌扣点累减。

表 3-27　　　　　　　　　　　　　　　要牌扣点

神兽级别	柒	捌	玖
地点牌	扣 7 点	扣 8 点	扣 9 点
形状牌	神兽积点乘以形状大小		
物品牌	神兽积点乘以物品价值		

罚分——对出现错误或影响游戏进程的玩家，扣除分数。

战绩——已进行回合的获得点数累计。

每回合结束后，升级

（11）升级（表 3-28）。符合点数要求的玩家可升级神兽，升级须更换新神兽牌，特征必须保持不变；也可以根据需要不升级神兽牌。

表 3-28　　　　　　　　　　　　　　　升级

神兽名称	级别	升级所需点数
鹬、牯、龟、羚	壹	
	贰	32
雉、牦、鳄、麋	叁	64
	肆	128
雕、犀、鼍、骓	伍	256
	陆	512
鸾、兕、蛟、驼	柒	1024
	捌	2048
凤凰、夒牛、螭龙、麒麟	玖	4096

2. 裁决

（1）惩罚。遇有下列情况，裁判予以玩家直接停牌或扣除点数惩罚：

牌面错误——出现多摸牌、错摸牌、未弃限制牌、混淆任务牌组合、棋子位置不对等情况的玩家，当时予以制止或更正；若进行到后续步骤时发现的，当前回合强制其停牌，计0分。

出牌错误——出现形状选择错误、路线选择错误、存在物品禁忌等情况的玩家，当时予以制止，要求其重新出牌；若进行到后续步骤时发现的，当前回合强制其停牌，计0分，并罚两倍于当时神兽级别的点数。

计算错误——出现任务奖励、折算步点、弃牌惩罚、满载奖励、要牌扣点错误等情况的玩家，当时予以制止或更正，要求其重新计算；若进行到后续步骤时发现的，要求其重新计算并罚两倍于当时神兽级别的点数。

影响进程——回合内同种错误重复出现、计算超时【裁判评定】，当前回合强制其停牌，计0分；存在影响其他玩家出牌的行为【裁判评定】，视情节严重，可罚两至五倍于当时神兽级别的点数。

罚分累计——各项罚分计入战绩，允许战绩暂时被罚为负数。

（2）胜负。**多人游戏时，可根据胜负规则来排列玩家名次**；存在出局玩家时，按出局先后顺序排在末位；满足结束条件时，按战绩降序排列未出局玩家名次。

某一玩家被强制停牌三次【或达到裁判提前公布的强制停牌限度】，出局并被判负；"强停达三次"。

某一玩家罚分累计超过100【或达到裁判提前公布的罚分限度】，出局并被判负；"罚分超一百"。

只剩下两名玩家【或达到裁判提前公布的必需玩家数目】，游戏结束；"玩家数不足"。

出现第二名玩家神兽级别升至玖级【或达到裁判提前公布的玖级玩家数目】，游戏结束；"玖级满两位"。

3. 记录

可根据需要选用下列表格辅助计算和统计：

（1）完整表格。壹贰表格/叁肆表格/伍陆表格/柒捌表格/玖表格见表3-29。

（2）简化表格。简化表格Ⅰ或简化表格Ⅱ见表3-30。

表3-29（a） 壹贰表格

姓名	来路	时间	人数	裁定	页码

回合数			当前排名				
初始地点	战绩	罚分累计	神兽（积点为2）				级别
			鹬	龟	雉	牯	壹 贰
物品名称	形状	地点	禁忌				物品价值
			林	野	丘	泽	
物品名称	形状	地点	禁忌				物品价值

(续表)

				林	野	丘	泽	
任务奖励			扣除步点		罚分			获得点数

回合数				当前排名				
初始地点		战绩	罚分累计	神兽 (积点为2)				级别
				鹞	龟	雉	牯	壹	贰
物品名称		形状	地点	禁忌				物品价值
				林	野	丘	泽	
物品名称		形状	地点	禁忌				物品价值
				林	野	丘	泽	
任务奖励			扣除步点		罚分			获得点数

回合数				当前排名				
初始地点		战绩	罚分累计	神兽 (积点为2)				级别
				鹞	龟	雉	牯	壹	贰
物品名称		形状	地点	禁忌				物品价值
				林	野	丘	泽	
物品名称		形状	地点	禁忌				物品价值
				林	野	丘	泽	
任务奖励			扣除步点		罚分			获得点数

回合数				当前排名				
初始地点		战绩	罚分累计	神兽 (积点为2)				级别
				鹞	龟	雉	牯	壹	贰
物品名称		形状	地点	禁忌				物品价值
				林	野	丘	泽	
物品名称		形状	地点	禁忌				物品价值
				林	野	丘	泽	
任务奖励			扣除步点		罚分			获得点数

表 3-29（b） 叁肆表格

姓名	时间	人数	页码	回合数	当前排名

初始地点	战绩	罚分累计	神兽（积点为3）				级别	
			麋	鳄	雉	牦	叁	肆
物品名称	形状	地点	禁忌				物品价值	
			林	野	丘	泽		
物品名称	形状	地点	禁忌				物品价值	
			林	野	丘	泽		
物品名称	形状	地点	禁忌				物品价值	
			林	野	丘	泽		
物品名称	形状	地点	禁忌				物品价值	
			林	野	丘	泽		
任务奖励		扣除步点	弃牌惩罚		罚分		获得点数	

初始地点	战绩	罚分累计	神兽（积点为3）				级别	
			麋	鳄	雉	牦	叁	肆
物品名称	形状	地点	禁忌				物品价值	
			林	野	丘	泽		
物品名称	形状	地点	禁忌				物品价值	
			林	野	丘	泽		
物品名称	形状	地点	禁忌				物品价值	
			林	野	丘	泽		
物品名称	形状	地点	禁忌				物品价值	
			林	野	丘	泽		
任务奖励		扣除步点	弃牌惩罚		罚分		获得点数	

表 3-29（c） 伍陆表格

姓名	时间	人数	页码	回合数	当前排名

初始地点	战绩	罚分累计	神兽(积点为4)				级别	
			骓	鼍	雕	犀	伍	陆
物品名称	形状	地点	禁忌				物品价值	
			林	野	丘	泽		
物品名称	形状	地点	禁忌				物品价值	
			林	野	丘	泽		
物品名称	形状	地点	禁忌				物品价值	
			林	野	丘	泽		
物品名称	形状	地点	禁忌				物品价值	
			林	野	丘	泽		
物品名称	形状	地点	禁忌				物品价值	
			林	野	丘	泽		
物品名称	形状	地点	禁忌				物品价值	
			林	野	丘	泽		

任务奖励		扣除步点	弃牌惩罚	罚分	满载奖励
					获得点数

初始地点	战绩	罚分累计	神兽(积点为4)				级别	
			骓	鼍	雕	犀	伍	陆
物品名称	形状	地点	禁忌				物品价值	
			林	野	丘	泽		
物品名称	形状	地点	禁忌				物品价值	
			林	野	丘	泽		
物品名称	形状	地点	禁忌				物品价值	
			林	野	丘	泽		
物品名称	形状	地点	禁忌				物品价值	
			林	野	丘	泽		
物品名称	形状	地点	禁忌				物品价值	

物品名称	形状	地点	林	野	丘	泽	物品价值
			禁忌				
			林	野	丘	泽	
任务奖励		扣除步点	弃牌惩罚		罚分		满载奖励
							获得点数

表 3-29（d） 　　　　　　柒捌表格

姓名	时间	人数	页码	回合数	当前排名

初始地点	战绩	罚分累计	神兽（积点为 5）				级别	
			驼	蛟	鸾	咒	柒	捌

物品名称	形状	地点	禁忌				物品价值
			林	野	丘	泽	
物品名称	形状	地点	禁忌				物品价值
			林	野	丘	泽	
物品名称	形状	地点	禁忌				物品价值
			林	野	丘	泽	
物品名称	形状	地点	禁忌				物品价值
			林	野	丘	泽	
物品名称	形状	地点	禁忌				物品价值
			林	野	丘	泽	
物品名称	形状	地点	禁忌				物品价值
			林	野	丘	泽	
物品名称	形状	地点	禁忌				物品价值
			林	野	丘	泽	
任务奖励		扣除步点	弃牌惩罚		罚分		满载奖励

(续表)

		要牌扣点		获得点数

表 3-29（e） 玖表格

姓名	时间	人数	页码			回合数	当前排名
初始地点	战绩	罚分累计	神兽（积点为5）				级别
			麒麟	螭龙	凤凰	夔牛	玖
物品名称	形状	地点	禁忌				物品价值
			林	野	丘	泽	
物品名称	形状	地点	禁忌				物品价值
			林	野	丘	泽	
物品名称	形状	地点	禁忌				物品价值
			林	野	丘	泽	
物品名称	形状	地点	禁忌				物品价值
			林	野	丘	泽	
物品名称	形状	地点	禁忌				物品价值
			林	野	丘	泽	
物品名称	形状	地点	禁忌				物品价值
			林	野	丘	泽	
物品名称	形状	地点	禁忌				物品价值
			林	野	丘	泽	
物品名称	形状	地点	禁忌				物品价值
			林	野	丘	泽	
任务奖励		扣除步点	弃牌惩罚		罚分		满载奖励
		要牌扣点					获得点数

表 3-30（a）

姓名　　　　　　　　　　　　简化记录表格 I　　　　　　　　　　　　页码

回合数	初始地点	战绩	罚分累计	神兽（积点）	级别
任务数	物品	禁忌	形状	地点	物品价值
弃牌惩罚	扣除步点	满载奖励	罚分	要牌扣点	获得点数

回合数	初始地点	战绩	罚分累计	神兽（积点）	级别
任务数	物品	禁忌	形状	地点	物品价值
弃牌惩罚	扣除步点	满载奖励	罚分	要牌扣点	获得点数

回合数	初始地点	战绩	罚分累计	神兽（积点）	级别
任务数	物品	禁忌	形状	地点	物品价值
弃牌惩罚	扣除步点	满载奖励	罚分	要牌扣点	获得点数

回合数	初始地点	战绩	罚分累计	神兽（积点）	级别
任务数	物品	禁忌	形状	地点	物品价值

（续表）

弃牌惩罚	扣除步点	满载奖励	罚分	要牌扣点	获得点数

表 3-30（b）

姓名　　　　　　　　　　　　简化记录表格 II　　　　　　　页码

回合数		初始地点		战绩	罚分累计	神兽（积点）
				任务奖励	扣除步点	罚分
				弃牌惩罚（叁+）	满载奖励（伍+）	要牌扣点（柒+）
				获得点数		
回合数		初始地点		战绩	罚分累计	神兽（积点）
				任务奖励	扣除步点	罚分
				弃牌惩罚（叁+）	满载奖励（伍+）	要牌扣点（柒+）
				获得点数		
回合数		初始地点		战绩	罚分累计	神兽（积点）
				任务奖励	扣除步点	罚分
				弃牌惩罚（叁+）	满载奖励（伍+）	要牌扣点（柒+）
				获得点数		
回合数		初始地点		战绩	罚分累计	神兽（积点）

（续表）

			任务奖励	扣除步点	罚分
			弃牌惩罚（叁+）	满载奖励（伍+）	要牌扣点（柒+）
			获得点数		
回合数		初始地点	战绩	罚分累计	神兽（积点）
			任务奖励	扣除步点	罚分
			弃牌惩罚（叁+）	满载奖励（伍+）	要牌扣点（柒+）
			获得点数		

实训模块 3　宏图

一、实训准备

1. 适应场景：模拟货运公司经营业务及发展过程。

2. 对局角色：玩家 4~12 人或组，裁判一人（可选）。

3. 准备材料：小地图 1 张，车辆牌 9 种，地点牌 76 种，物品牌 3 种，形状牌 15 种，总数与玩家数相匹配（与通达一致）。

（1）小地图如图 3-22 所示，地点位置见表 3-31，地点分布见表 3-32。

领地。玩家在游戏进程中所购买的地点；可以建为"居""驿""馆""市"等场所。玩家在游玩日掷骰子走到某一空地，缴纳相应点数即可得到该地。

表 3-31　　　　　　　　　　地点位置（宏图）

	外环	一环	二环	边关（不能买卖）	极地（不能买卖）
南山	句余、会稽、南禺、堂庭、即翼、青丘、招摇	祷过、浮玉、咸阴、令丘、长右、尧光、灌湘	丹穴、天虞、阳夹、仆勾	漆吴	箕尾
中山	甘枣、葱聋	吴林、蔓渠、独苏、昆吾、朝歌、支离、柴桑	牛首、青要、宜苏、少室、首阳、熊耳、白石	洞庭	休与

106

（续表）

北山	丹熏、求如、雁门、太行	少阳、帝都、碣石、白马、发鸠	狐岐	潘侯	天池
东山	尸胡、曹夕、北号、子桐	空桑、东始		姑射	诸钩
西山	崇吾、昆仑、辰阳、天帝、中曲、西皇、积石、龙首	太华、乐游		鸟危	不周
大荒	合虚、天台	归墟、瀛洲		北狄	常阳

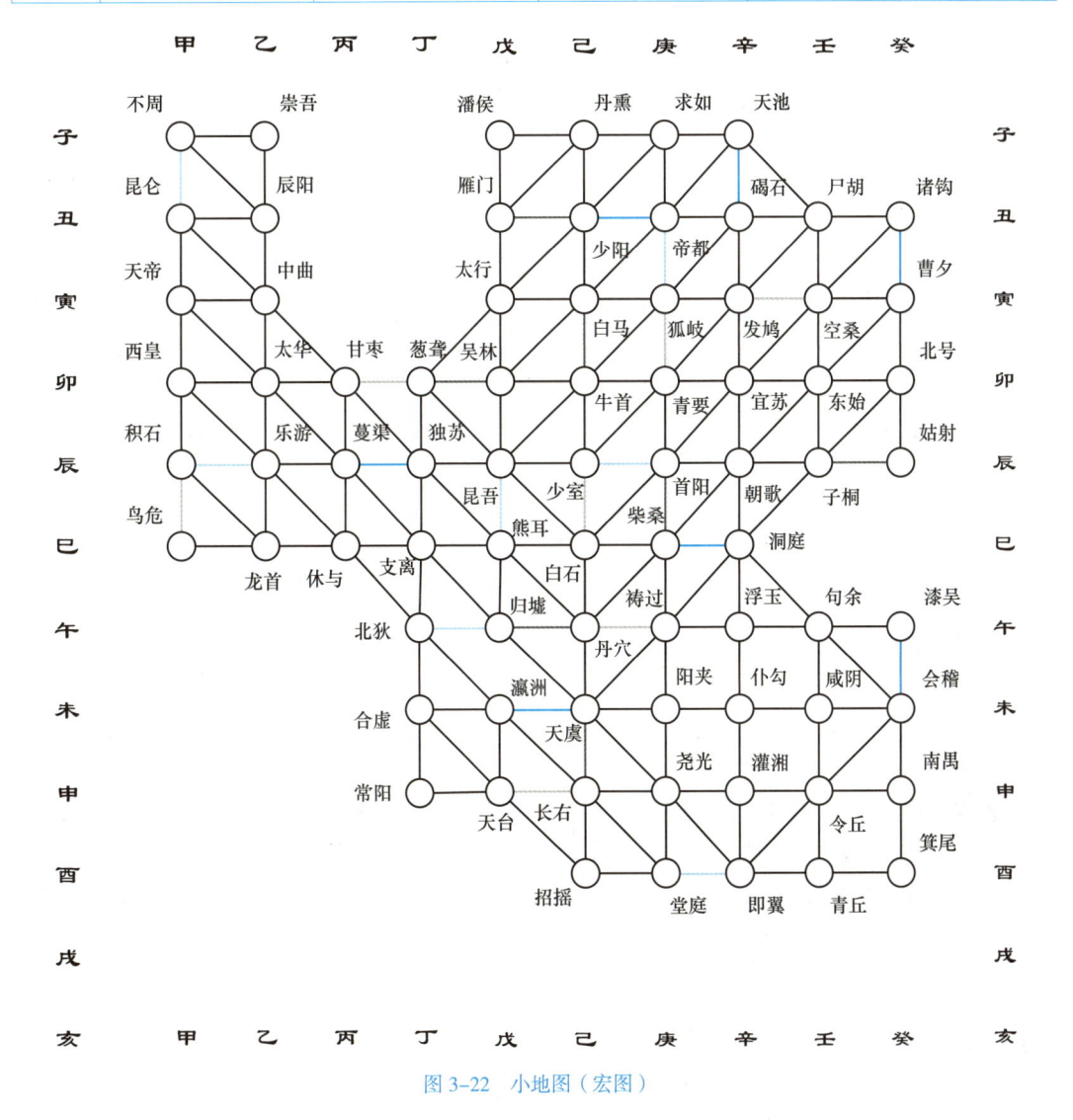

图 3-22 小地图（宏图）

在得到该地点时，投入相应点数即可建"居""驿""馆""市"之一。

居：居所。玩家工作日出发和到达的地点；游玩日玩家停留在自己的居所时，可掷骰子获得自主确定初始位置的机会（奇数为一次，偶数为两次）；游玩日玩家停留在别人的居所时，须掷骰子确定下一回合初始位置（极地）（奇数为一次，偶数为两次）。

驿：驿站。游玩日玩家停留在自己的驿站时，可掷骰子获得额外的要牌机会（奇数为一次，偶数为两次）；游玩日玩家停留在别人的驿站时，须掷骰子确定换牌次数（奇数为一次，偶数为两次），且向其缴纳相应的点数。

馆：旅馆。游玩日玩家停留在自己的旅馆时，获得额外的一个工作日；游玩日玩家停留在别人的旅馆时，须扣除一个工作日，且向其缴纳相应的点数。

市：市场。游玩日玩家停留在自己的市场时，可抓取与神兽级别相同张数的"物品牌"，获得与这些"物品牌"价值之和相等的点数；游玩日玩家停留在别人的市场时，须抓取与神兽级别相同张数的"物品牌"，向其缴纳与这些"物品牌"价值之和相等的点数。

表 3-32　　　　　　　　　　地点分布（宏图）

	甲	乙	丙	丁	戊	己	庚	辛	壬	癸
子	不周	崇吾			潘侯	丹熏	求如	天池		
丑	昆仑	辰阳			雁门	少阳	帝都	碣石	尸胡	诸钩
寅	天帝	中曲			太行	白马	狐岐	发鸠	空桑	曹夕
卯	西皇	太华	甘枣	葱聋	吴林	牛首	青要	宜苏	东始	北号
辰	积石	乐游	蔓渠	独苏	昆吾	少室	首阳	朝歌	子桐	姑射
巳	鸟危	龙首	休与	支离	熊耳	白石	柴桑	洞庭		
午				北狄	归墟	丹穴	祷过	浮玉	句余	漆吴
未				合虚	瀛洲	天虞	阳夹	仆勾	咸阴	会稽
申				常阳	天台	长右	尧光	灌湘	令丘	南禺
酉						招摇	堂庭	即翼	青丘	箕尾

二、规则讲解

1. 确定流程：抽牌、定居、洗牌、抓牌、过牌、要牌、换牌、出牌、弃牌、停牌、娱乐、游玩、升级。

游戏开始前，裁判安排玩家随机就座，讲解规则，指导玩家抽牌和定居。

（1）抽牌。裁判将 8 张贰级神兽牌组成牌堆（表3-33），每个玩家随机抽取一张作为其游戏过程中的神兽牌，随机就座；发放优先行动标志给某一玩家，之后按逆时针顺序每一天传递给下一玩家。

表 3-33　　　　　　　　　　初始牌堆构成情况（宏图）

神兽级别	物品牌	形状牌
贰		72 张【1·1+2·1+3·1+3·2】
肆	72 张	120 张 72+【4·1+4·2+4·3+4·4】
陆及以上		180 张 120+【5·1+5·2+5·3+5·4+5·5+5·6】

（2）定居。裁判将152张地点牌组成初始地点牌堆，每个玩家首先随机抽取两张，选取其中之一作为游戏进行中的居所之一；若两张牌地点重复，则只可以选取其作为居所。

如随后玩家抽取到与之前玩家已确定的居所相同的地点，可再抽取一张，确保玩家都是从两张中选择居所；确保所有玩家在地图上有各自的一个居所。

玩家将各自的标记放置在地图相应地点，交还此地点牌。

游戏按照回合进行，每回合称为"一天"，分别为宫商角徵羽，五天为一个周期；裁判视情况进行洗牌。

（3）洗牌。将"物品牌"、"形状牌"和"地点牌"分别打乱顺序，重新随机排列：

"宫""商""角"为工作日，每回合中，玩家依次抓牌、过牌、要牌、换牌、出牌、弃牌、停牌；

缺勤：在上一游玩日，停留在别人旅馆的玩家不参与第一回合。

加班：在上一游玩日，停留在自己旅馆的玩家额外进行一个回合。

（4）抓牌。每回合玩家有多轮抓牌机会，每一轮每一玩家可以依次从牌堆抓取"物品牌"、"形状牌"和"地点牌"各一张；抓牌须符合以下规则：

抓牌顺序。当时持有优先行动标志的玩家首先抓牌。

抓牌轮次。所有玩家可以抓牌的轮次与其神兽级别相同；**"几级抓几轮"**。

任务形成。每一玩家每一轮抓到的"物品牌"、"形状牌"和"地点牌"组成一手"任务"，任务可描述为"将这种形状的这一物品送到这一地点"；**"三张牌一手"**。

限制牌。当玩家抓到与神兽级别不符的"形状牌"，须交给裁判置于弃牌堆，再抓一张替代之，直到符合要求为止；**"限制牌必弃"**。

（5）过牌。轮到某一玩家抓牌时，玩家可以根据需要选择不抓牌，则本回合就不能再抓牌。

（6）要牌。所有玩家抓牌结束之后，在上一游玩日，因停留在自己驿站而获得要牌机会的玩家可以选择要牌，即将手中已有的任意一张"物品牌"、"形状牌"和"地点牌"交给裁判置于弃牌堆，再去牌堆里摸取一张同一类型的牌；要牌须符合以下规则：

要来的牌将替代原有牌的位置形成任务。

如果有两次要牌机会，须在同一回合行使或放弃。

（7）换牌。要牌结束后，在上一休息日，因别人停留在自己驿站的玩家可以要求换牌，即将手中已有的任意一手"任务牌"交出，而向对方索要其手中符合"物品牌"、"形状牌"或"地点牌"之一的某种特定要求的一手"任务牌"；换牌须符合以下规则：

索要任务牌时只能对"物品牌"、"形状牌"或"地点牌"之一提出要求。

对方可以从手中符合这一要求的牌中任选一手"任务牌"交换。

如果没有符合这一要求的牌，则玩家可提出另一种要求的"任务牌"。

如果有两次换牌机会，须在同一回合行使或放弃。

（8）出牌。玩家须从本回合已抓取的任务中选择全部或部分任务去完成，满足限制、获得点数；出牌须符合以下规则：

出牌顺序。第一回合，先抓牌的玩家先出牌，其后玩家逆时针顺序轮流出牌。

唯一出手。每一回合每一玩家只有一次出牌机会，可以根据需要放弃本回合的出牌机会。

形状选择。本回合中，玩家须选择一种合理的堆叠方式，将所有要出牌的任务置于神兽网格内，形状堆叠后得到的轮廓不能超出神兽容量的网格限制；若堆叠后得到的轮廓恰恰等同于神兽网格，可获得额外的点数。

路线选择。本回合中，玩家须选择一条合理的路线，从回合初所处位置起，遍历所有要出牌的任务要求送达的地点，路线必须是连通的；还需要满足物品禁忌，也就是不能经过尚未送达的物品中各种不允许经过的地形。

确定起点。玩家自行选取一处居所作为初始位置，这一初始位置可与上一回合结束时所处居所不同，无须计算路线点数（表3-34）。

在上一游玩日，玩家停留在自己的居所时，可掷骰子至一区域，可选择其中任一地点作为初始位置，也可以仍旧从居所出发。

在上一游玩日，因停留在别人居所而被遣送者，须掷骰子，确定所处的"极地"作为初始位置。

表3-34　　　　　　　　　　　确定起点

骰子	区域	极地
1	南山	箕尾
2	中山	休与
3	北山	天池
4	东山	诸钩
5	西山	不周
6	大荒	常阳

确定终点。完成任务之后要回到自己的任一居所，也需要计算步点。

棋子移动。玩家应持棋子在地图上按照所选路线进行移动，并解释完成任务情况。

（9）弃牌。玩家抓牌形成的任务牌中，出牌之后的剩余牌为弃牌；弃牌需要扣除相应的点数；弃牌分别堆放成为弃牌堆。

（10）停牌。弃牌之后，玩家进行本回合的点数结算；结算须符合以下规则：

获得点数 = 任务奖励 − 折算步点 − 弃牌惩罚 + 满载奖励 − 过路缴费 + 过路收费 − 罚分

任务奖励。对玩家所有完成的任务进行奖励，**每一手任务奖励等于 = 物品价值乘以神兽积点乘以形状大小**；多手任务奖励累加。

折算步点。玩家完成所有任务所选路线经过的地点数，特殊地形须经过折算。

弃牌惩罚。玩家已抓取的任务无法完成【包括无法放置、或因物品禁忌而确定无法送达所导致的弃置任务等】，要被扣除点数，**每一手弃牌惩罚 = 物品价值乘以形状大小**；多手任务弃牌惩罚累减见表3-35。

表3-35　　　　　　　　　　　弃牌惩罚

神兽级别	贰	肆	陆	捌、玖
弃牌惩罚	(3/6/9 乘以 1/2)	(3/6/9 乘以 1/2/3)	(3/6/9 乘以 1/2/3/4)	(3/6/9 乘以 1/2/3/4/5)

满载奖励。玩家所有完成的任务中的形状牌堆叠后轮廓正好能与神兽网格吻合，则奖励点数，满载奖励 = 神兽级别乘以神兽积点，见表 3-36。

表 3-36　　　　　　　　　　　　　满载奖励

神兽级别	贰	肆	陆	捌	玖
满载奖励	4	12	24	40	54

过路缴费。完成任务（包括返回居所）的路线中若包括其他玩家神兽的领地，须向其支付等同于当时任务数的点数，且至少为 1；如任务要求的地点为其他玩家神兽的领地，须向其支付等同于该任务中物品牌的价值的点数。

过路收费。玩家神兽的领地被其他神兽经过，收取等同于其当时任务数的点数，且至少为 1；若领地为其他神兽任务所要求的地点，则收取等同于该任务中物品牌的价值的点数。

罚分。对出现错误或影响游戏进程的玩家，扣除分数。

战绩。已进行回合的获得点数累计。

"徵"为娱乐日。

（11）娱乐。玩家必须参与相应的游戏，裁判掷骰子确定游戏类别，游戏包括"1- 东拼西凑""2- 南辕北辙""3- 穷途末路""4- 抛砖引玉""5- 浑水摸鱼"；娱乐简要规则如下：

"东拼西凑"。局数等于参与的玩家数，每位玩家只根据当时网格要牌，爆仓为零分，不爆仓的计分方式为：张数 × 点数，满载的情况则另加级别 ×4；每位玩家获得游戏中所获合计分数。

"南辕北辙"。局数等于参与的玩家数，每位玩家获得游戏中所获分数乘以级别除2【贰 -1，肆 -2，陆 -3，捌 -4，玖级 -4】。

"穷途末路"：局数等于参与的玩家数，每位玩家获得游戏中所获分数乘以级别除2【贰 -1，肆 -2，陆 -3，捌 -4，玖级 -4】。

"抛砖引玉"。局数等于参与的玩家数，游戏中得分最高的玩家分数 ×2，其他玩家将原来得分加上得分最高玩家在游戏中的得分，再乘以级别除 2【贰 -1，肆 -2，陆 -3，捌 -4，玖级 -4】。

"浑水摸鱼"。局数等于参与的玩家数，游戏中剩余手牌的玩家，须将所有剩余手牌上的"张数"相加得到负分；游戏中得分最高的玩家分数 ×2，其他玩家将原来得分加上得分最高玩家在游戏中的得分，再乘以级别除 2【贰 -1，肆 -2，陆 -3，捌 -4，玖级 -4】。

"羽"为游玩日。

（12）游玩。玩家依次掷两次骰子，到达相应地点；游玩须符合以下规则：

行动顺序。当时持有优先行动标志的玩家首先行动；依逆时针顺序。

初始位置。玩家从地点牌中抓取一张作为初始位置。

该牌为"极地"时，玩家不参与此次游玩，且下一工作日时，必须从此地出发。

该牌为"边关"时，玩家不参与此次游玩，且须扣除与神兽等级数相同的点数。

确定步数。第一次掷出的骰子数即为此次行动的步点数。

确定方向。第二次掷出的骰子数即为此次行动的方向，见表 3-37。

表 3-37　　　　　　　　　　　　　　　　　行动

骰子	1	2	3	4	5	6
方向	南	斜上	北	东	西	斜下

若该地点没有此方向的道路,则重新掷骰子,直到掷出有相应方向道路的点数为止。

若掷出方向为斜上或斜下,且该地点斜上或斜下有两条道路,则再掷一次,(奇数为向左,偶数为向右)。

前进。玩家须沿确定的方向行进相应的步数,直到步数用尽之处,停步。

转向。若步数尚未用尽时,沿该方向已经无路可走(走到边界或无法通过的地形),则再次掷骰子确定方向,将剩余步点数走完,停步。

若行走到某一地点,有"0"地形,则必须转向至该方向。

路费。根据神兽与地形的关系,获得或扣除相应的点数。

0——经过此地形的路线时,获得 1 点。

1——经过此地形的路线时,视为与普通地形等同,不扣除。

+1——经过此地形的路线时,扣除 1 点。

×2——经过此地形的路线时,扣除 2 点,见表 3-38。

表 3-38　　　　　　　　　　　　　　　　神兽参数

神兽名称	林	野	丘	泽
明德【鹞→雉→雕】	1	+1	0	×2
笃行【牡→牦→犀】	0	×2	+1	1
弘毅【龟→鳄→鼍】	+1	1	×2	0
拓新【羚→麋→駥】	×2	0	1	+1

(13)停顿。玩家根据停步时所处位置(表 3-39),须完成相应的行为。

表 3-39　　　　　　　　　　　　　　　　停顿地点

	外环	一环	二环
南山	句余、会稽、南禺、堂庭、即翼、青丘、招摇	祷过、浮玉、咸阴、令丘、长右、尧光、灌湘	丹穴、天虞、阳夹、仆勾
中山	甘枣、葱聋	吴林、蔓渠、独苏、昆吾、朝歌、支离、柴桑	牛首、青要、宜苏、少室、首阳、熊耳、白石
北山	丹熏、求如、雁门、太行	少阳、帝都、碣石、白马、发鸠	狐岐
东山	尸胡、曹夕、北号、子桐	空桑、东始	
西山	崇吾、昆仑、辰阳、天帝、中曲、西皇、积石、龙首	太华、乐游	
大荒	合虚、天台	归墟、瀛洲	

买地。玩家走到某一空地,若缴纳相应点数即可得到该地。

地价 = 基准价格（比如4）× 区域参数（外环-1，一环-2，二环-3）× 神兽级别（2/4/6/8/9）+ 2 × (该区域已售出地点数)

在得到该地点时，投入相应点数即可建"居""驿""馆""市"之一；不允许只买地不建造。

造价 = 基准价格（比如2）× 神兽级别（2/4/6/8/9）+ 2 × (该区域已有的该类场所数)

居所停留。玩家停留在自己的居所时，可掷骰子获得自主确定初始位置的机会，（奇数为一次，偶数为两次）；玩家停留在别人的居所时，须掷骰子确定下一回合初始位置（极地），（奇数为一次，偶数为两次）。

驿站停留。玩家停留在自己的驿站时，可掷骰子获得额外的要牌机会，（奇数为一次，偶数为两次）；玩家停留在别人的驿站时，须掷骰子确定换牌次数，（奇数为一次，偶数为两次），且向其缴纳相应的点数。

旅馆停留。玩家停留在自己的旅馆时，获得额外的一个工作日；玩家停留在别人的旅馆时，须扣除一个工作日，且向其缴纳相应的点数。

市场停留。玩家停留在自己的市场时，可抓取与神兽级别相同张数的"物品牌"，获得与这些"物品牌"价值之和相等的点数；游玩日玩家停留在别人的市场时，须抓取与神兽级别相同张数的"物品牌"，向其缴纳与这些"物品牌"价值之和相等的点数。

五天结束后，升级。

（14）升级。符合点数要求的玩家可升级神兽，升级须更换新神兽牌，特征必须保持不变；也可以根据需要不升级神兽牌见表3-40。

表 3-40　　　　　　　　　　　　　　　升级

神兽名称	级别	升级所需点数
鹬、牯、龟、羚	贰	32
雉、牦、鳄、麋	肆	128
雕、犀、鼍、狚	陆	512
鸾、兕、蛟、驼	捌	2048
凤凰、夔牛、螭龙、麒麟	玖	4096

2. 娱乐日游戏——东拼西凑

（1）玩家2人，裁判1人。

（2）无地图，神兽牌4张、形状牌180张。

神兽牌。4张神兽牌（4种玖级）或其他级别均可，确保四种不同类别神兽备选。

形状牌。180张形状牌【1点（18张）、2点（18张）、3点（两种各18张）、4点（四种各12张）、5点（六种各10张）】。

（3）确定流程。抽牌、分石、洗牌、抓牌、过牌、亮牌、评判、结算。

游戏开始前，裁判安排玩家随机就座，讲解规则，要求玩家抽牌和分石。

抽牌。裁判将4张玖级神兽牌组成牌堆，两个玩家随机抽取一张作为其游戏过程中的神兽牌，按【凤凰、夔牛、螭龙、麒麟】顺序逆时针就座。

分石。裁判分给每位玩家三十二个石子【类似围棋子、一角硬币等】【或裁判提前公布的数目】，用于玩家支付输赢。

游戏按照局进行，每一局之前，裁判洗牌。

洗牌。裁判将"物品牌"打乱顺序，重新随机排列，牌面向下堆放组成初始牌堆。

每局中，玩家依次抓牌、过牌、亮牌。

抓牌。每回合玩家有多轮抓牌机会，每一轮每一玩家可以依次从牌堆抓取"形状牌"各一张；抓牌须符合以下规则：

初始顺序。第一回合按照【凤凰、夔牛、螭龙、麒麟】顺序，"凤凰"首先抓牌。

正常顺序。之后，上一回合获胜的玩家先抓牌；"获胜者先抓"。

抓牌轮次。两个玩家依次各摸一张"形状牌"，不允许明置；玩家在选择过牌前可以多次抓牌。

任务形成。本回合中，玩家须选择一种合理的堆叠方式，将所有抓到的"形状牌"置于神兽网格内【5×6】，形状堆叠后得到的轮廓不能超出神兽容量的网格限制。

过牌。轮到某一玩家抓牌时，玩家可以根据需要选择不抓牌，则本局就不能再抓牌；另一玩家仍旧可以选择不过牌，从而继续抓牌，直到两位玩家都选择过牌为止。

亮牌。两位玩家依次将抓到的全部形状牌明置，并解释完成任务情况。

评判。根据下列【是否满载、是否符合容量限制、牌数、编号总数】规则判断玩家在本回合内的胜负。

满载者胜。若某一玩家将所有抓到的"形状牌"堆叠后得到的轮廓恰恰等同于神兽网格，则获胜。

爆仓者负。若某一玩家至少有一张抓到的"形状牌"无法置于神兽网格中，则告负。

牌多者胜。玩家都不满载也不爆仓时，则牌数多的玩家获胜。

点大者胜。若以上规则还没有分出胜负，则按照这些"形状牌"的点数总数大小，点数总数大的玩家获胜。

加赛一轮。若以上规则还没有分出胜负，且任一玩家不同意本回合为平局；双方须各自再抓一张"形状牌"，再依上述规则进行判断；可持续加赛直到分出胜负。

协商平局。若点数相同或加赛仍旧持平，双方同意可判定本回合为平局。

每局结束后，结算。

结算。分出胜负后，进行本回合结算；各种奖励和惩罚均累计；结算须符合以下规则：

满载结算。若只有一位玩家满载，则对方须支付8个石子，另从裁判处获得4个石子奖励；若两位玩家都满载，则双方均获胜，互相无须支付，且均另从裁判处获得4个石子奖励。

爆仓结算。若只有一位玩家爆仓，则须向对方支付4个石子，须另向裁判缴纳2个石子罚款；若两位玩家都爆仓，则双方均告负，互相无须支付，但均须另向裁判缴纳2个石子的罚款。

牌数结算。若胜负是依据"牌多者胜"规则评判出来，则胜者获得负者支付的"2+X"个石子，X为多摸的牌的张数。

编号结算。若胜负是依据"点大者胜"规则评判出来，则胜者获得负者支付的"2"个石子。

加赛结算。若胜负是依据"加赛一轮"规则评判出来，则胜者获得负者支付的"1"个石子。

加赛中出现满载的玩家即为胜者,另从裁判处获得2个石子奖励,但对方无需为此另外支付;加赛中出现爆仓的玩家为负者,另向裁判缴纳1个石子的罚款,但无须另外向对方支付;

平局结算。编号加总相同时,若双方同意平局结束,则本局无须任何结算;否则每加赛一轮,双方须立时各自向裁判支付1个石子。

(4)支付。回合内的结算【加赛时双方向裁判的支付】、回合结束后的结算均为立时进行,玩家须马上完成支付。

(5)胜负。某一玩家输光所有石子,或无石子可支付,则直接判负;或第三十六回合末【或达到裁判提前公布的回合数目】,游戏结束,当时石子多的玩家获胜;"三十六鸣金",若石子数持平,则加赛一轮,即双方只摸取一张"形状牌"进行比较。

3. 娱乐日游戏——南辕北辙

(1)玩家2~3人,裁判1人。

(2)小地图,神兽牌4张、地点牌152张。

神兽牌——4张神兽牌(4种玖级)或其他级别均可,确保四种不同类别神兽备选。

地点牌——152张地点牌【东山、西山、南山、北山、中山、大荒】。

(3)确定流程:抽牌、堆石、洗牌、标记、投石、结算、折旧。

游戏开始前,裁判安排玩家随机就座,讲解规则,要求玩家抽牌、堆石。

抽牌——裁判将4张玖级神兽牌组成牌堆,玩家随机抽取一张作为其游戏过程中的神兽牌,玩家按【凤凰、夔牛、螭龙、麒麟】顺序逆时针就座。

堆石——裁判将一百个石子【类似围棋子、一角硬币等】组成公用石堆【或裁判提前公布的数目】,用于玩家投石。

游戏按照局进行,每一局之前,裁判可视牌堆情况进行洗牌;裁判标记。

洗牌——裁判将"地点牌"打乱顺序,重新随机排列,牌面向下堆放组成初始牌堆。

标记——裁判从牌堆随机抓取"地点牌"两张,并明置之,将两个石子分别放置在地图相应位置上;先明置的"地点牌"作为起点,后明置的"地点牌"作为终点。

每回合中,玩家依次投石;回合进行到有玩家获胜时,本局结束。

投石——玩家依次行动;即从起点开始,每人每次沿路线走一步【移动同一枚棋子】,每一步须从公用石堆取一个石子放置在地图相应地点上,行走和投石须符合以下规则:

当先——按【凤凰、夔牛、螭龙、麒麟】顺序逆时针行动,玩家轮流一遍为一个回合;上一局最先行动的玩家本局最后行动。

驻足——轮到某一玩家行动时,玩家可以根据需要选择不再继续投石,则本局内不允许再次投石,玩家被判负。

络绎——某一玩家行动完毕,由逆时针顺序的下一玩家投石。

抵达——最终石子投到终点的玩家获胜。

识途——玩家的神兽与地形存在对应关系(表3-41),"-"为该神兽不允许经过的地形;"0"为该神兽经过时不需要投石的地形,轮到某一玩家行动时,若可选地点中有经过对于其神兽为"0"的路线,则必须选取。

表 3-41　　　　　　　　　　　　　神兽参数

神兽名称	林	野	丘	泽	普通
凤凰			0	×2	
夔牛	0	×2			
螭龙			×2	0	
麒麟	×2	0			

前行。不允许再次经过地图上已经被投放石子的路；已经经过但未投石（投石为0）的地点可以再次经过。

迂回。若起点和终点位于不同区域，所有投石所涉及地点至多位于四个区域。

捷径。若起点和终点位于同一区域内，则任何玩家不可以在其他区域的地点投石。

歧路。轮到某一玩家行动时，已经无路可走，则该玩家被判负。

难返。一旦将石子投放至地图相应地点，则不可以再更改。

穷尽。某一玩家行动中，公用石堆已无石子可投，玩家须使用自己赢得的石子进行投石；不投或无子可投时，该玩家被判负。

结算。分出胜负后，进行本回合结算；各种奖励和惩罚均累计；结算须符合以下规则：

某一玩家被判负后，若是两人游戏，则另一玩家获胜，获胜玩家赢得所有已经投放在地图上的石子数目的二分之一，下取整；另一玩家获得剩余石子数目的二分之一，下取整。

某一玩家被判负后，若是三人游戏，则另两位玩家继续投石，直到其中之一被判负或获胜；获胜玩家赢得所有已经投放在地图上的石子数目的二分之一，下取整；第二位被判负【获胜玩家与第一位判负玩家之外的】的玩家获得剩余石子数目的二分之一，下取整；首先被判负的玩家获得其余石子数目的二分之一，下取整。

若无任何玩家被判负，某一玩家"抵达"获胜时，赢得所有已经投放在地图上的石子数目的二分之一，下取整；其下家获得剩余石子数目的二分之一，下取整；最后一位玩家【三人游戏时】获得其余石子数目的二分之一，下取整。

剩余石子交回到公用石堆。

折旧。结算后每位玩家须向公用石堆交还一个石子；一局游戏结束后手中没有石子的玩家无须缴纳。

（4）处罚。出现少投、错投、漏投、投石后更改的玩家，当时予以更正和制止；若进行到后续步骤时发现的，则直接判负。

（5）胜负。公用石堆已无石子可投时，该局为最后一局；最后一局进行完，游戏结束，当时石子多的玩家获胜；若当时有玩家石子数持平，也可以加赛一局，规则同上。

4. 娱乐日游戏——穷途末路

（1）玩家2~3人，裁判1人；

（2）小地图，神兽牌4张、地点牌152张；

神兽牌。4张神兽牌（4种玖级）或其他级别均可，确保四种不同类别神兽备选。

地点牌。152张地点牌【东山、西山、南山、北山、中山、大荒】。

（3）确定流程。抽牌、堆石、洗牌、标记、投石、结算、折旧。

游戏开始前，裁判安排玩家随机就座，讲解规则，要求玩家抽牌、堆石。

抽牌。裁判将4张不同"神兽牌"组成牌堆，玩家随机抽取一张作为其游戏过程中的神兽牌，玩家按【凤凰、夔牛、螭龙、麒麟】顺序逆时针就座。

堆石。裁判将一百个石子【类似围棋子、一角硬币等】组成公用石堆【或裁判提前公布的数目】，用于玩家投石。

游戏按照局进行，每一局之前，裁判可视牌堆情况进行洗牌；裁判标记。

洗牌。裁判将"地点牌"打乱顺序，重新随机排列，牌面向下堆放组成初始牌堆。

标记。裁判从牌堆随机抓取"地点牌"一张，并明置之，将一个石子放置在地图相应位置上；玩家将自己的棋子都放置在这一地点。

每回合中，玩家依次投石，回合进行到有玩家获胜时，本局结束。

投石。玩家依次行动；首先掷一枚骰子一次，明置之；其次从初始位置起，沿自选路线走完行走步点数，每一步须从公用石堆取一个石子放置在经过的地点上；行走和投石须符合以下规则：

当先。按【凤凰、夔牛、螭龙、麒麟】顺序逆时针行动，玩家轮流一遍为一个回合；上一局最先行动的玩家本局最后行动。

定位。玩家本回合到达的停留位置，作为其下一回合的初始位置。

驻足。轮到某一玩家行动时，玩家可以根据需要选择只掷骰子但不再继续投石，则本局内不允许再次投石，玩家被判负。

络绎。某一玩家行动完毕，由逆时针顺序的下一玩家投石。

识途。玩家的神兽与地形存在对应关系（表3-42），"-"为该神兽不允许经过的地形；"0"为该神兽经过时不需要投石的地形，轮到某一玩家行动时，若可选地点中有经过对于其神兽为"0"的路线，则必须选取。

表 3–42　　　　　　　　　　神兽参数

神兽名称	林	野	丘	泽	普通
凤凰			0	×2	
夔牛	0	×2			
螭龙			×2	0	
麒麟	×2	0			

前行。不允许经过地图上已经被投放石子的地点。

跨界。玩家到达的停留位置必须与本回合的初始位置位于不同区域。

歧路。轮到某一玩家行动时，掷骰子之前就已经无路可走，则该玩家被判负。

求索。轮到某一玩家行动时，若掷骰子之后，尚未走完步点数时就已经无路可走，则玩家也可以沿其选定路线继续投石至无路可走；之后该玩家被判负。

难返。一旦将石子投放至地图相应地点，则不可以再更改。

穷尽。某一玩家行动中，公用石堆已无石子可投，玩家须使用自己赢得的石子进行投石；

不投或无子可投时，该玩家被判负。

结算。分出胜负后，进行本回合结算；各种奖励和惩罚均累计；结算须符合以下规则：

某一玩家被判负后，若是两人游戏，则另一玩家获胜，玩家赢得所有已经投放在地图上的石子数目的二分之一，下取整；另一玩家赢得剩余石子数目的二分之一，下取整。

若是三人游戏，则另两位玩家继续投石，直到其中之一被判负；获胜玩家赢得所有已经投放在地图上的石子数目的二分之一，下取整；第二位被判负的玩家赢得剩余石子数目的二分之一，下取整；首先被判负的玩家赢得其余石子数目的二分之一，下取整。

剩余石子交回到公用石堆。

折旧。结算后每位玩家须向公用石堆交还一个石子；一局游戏结束后手中没有石子的玩家无须缴纳。

（4）处罚。出现少投、错投、漏投、投石后更改的玩家，当时予以更正和制止；若进行到后续步骤时发现的，则直接判负。

（5）胜负。公用石堆已无石子可投时，该局为最后一局；最后一局进行完，游戏结束，当时石子多的玩家获胜；若当时有玩家石子数持平，也可以加赛一局，规则同上。

5. 娱乐日游戏——抛砖引玉

（1）玩家4人，裁判1人。

（2）无地图，神兽牌4张、物品牌72张。

神兽牌。4张神兽牌（4种玖级）或其他级别均可，确保四种不同类别神兽备选。

物品牌。72张物品牌（4种×3级×【1九+2三+3六】张）。

（3）确定流程。抽牌、定庄、洗牌、抓牌、补牌、出牌、和牌、碰牌、吃牌、结算。

游戏开始前，裁判安排玩家抽牌就座，讲解规则。

抽牌。裁判将4张不同"神兽牌"组成牌堆，每个玩家随机抽取一张，作为其在游戏中的名称，玩家按【凤凰、夒牛、螭龙、麒麟】顺序逆时针就座。

定庄。第一局"凤凰"作为庄家；之后逆时针顺序轮流执庄；若当前局庄家获胜，则下一局仍旧执庄。

游戏按照局进行，每一局之前，裁判洗牌。

洗牌。裁判将"物品牌"打乱顺序，重新随机排列，牌面向下堆放组成初始牌堆。

每局中，玩家抓牌、补牌、出牌、和牌、碰牌、吃牌，牌局结束。

抓牌。玩家逆时针顺序轮流从初始牌堆每次抓一张"物品牌"；抓牌须符合以下规则：

初始顺序。第一局，由就座时抽到"凤凰"的玩家首先抓牌。

正常顺序。之后的牌局，庄家先抓牌。

抓牌轮次。庄家抓8张牌，其他玩家每人抓7张牌。

补牌。轮到某一玩家出牌时，玩家须从排堆里再抓一张牌；补牌后确保手牌数目为2张或5张或8张；补牌须符合以下规则：

打出第一手牌的庄家不需要补牌。

通过吃牌或碰牌获得出牌机会的玩家不需要补牌。

出牌。轮到某一玩家出牌时，补牌后的玩家可以将手牌中的任一张牌打出；出牌后确保手牌数目为1张或4张或7张；出牌须符合以下规则：

第一手牌。每一局庄家先出。

出牌顺序。某一玩家出牌后，若没有其他玩家和牌、吃牌、下家碰牌，则由逆时针顺序的下家补牌、出牌。

和牌。通过补牌或接其他玩家所打出的牌，玩家手牌形成和牌牌型，则玩家获胜，牌局结束；和牌须符合以下规则：

规范牌型。对子、刻子、顺子。

对子。任意两张名称相同的牌。

刻子。任意三张花色相同、点数相同的牌【名称相同】。

顺子。任意三张花色相同、点数不同的牌【必须是三、六、九】。

自发。通过补牌，玩家和牌。

推倒。通过接其他玩家所打出的牌，玩家和牌。

触发。打出一张牌造成某一玩家和牌。

劫和。某一玩家打出的牌，可令至少两个玩家和牌，则逆时针顺序最靠近的玩家和牌；

和牌牌型。平和、一色、四对、八幺。

平和。对子（2张手牌时），对子＋一个刻子或顺子（5张手牌时），对子＋两个刻子或顺子（8张手牌时）。

一色。平和，且为同一种花色。

四对。四对（8张手牌时）。

八幺。水三、水九、火三、火九、风三、风九、雷三、雷九（8张手牌时）。

碰牌。某一玩家打出一张牌时，且无玩家和牌，则其下手玩家可拿走凑成刻子，明置之；碰牌须符合以下规则：

多个玩家可以碰牌时，由逆时针顺序最靠近的玩家碰牌。

碰牌后，轮到该玩家出牌，不再补牌。

碰牌后明置的牌不能再进行更换。

吃牌。某一玩家打出一张牌时，且无玩家和牌，也无玩家碰牌，则其下手玩家可拿走凑成顺子，明置之；吃牌须符合以下规则：

只有出牌玩家的下手玩家可以吃牌。

吃牌后，轮到该玩家出牌，不再补牌。

明置的牌不能再进行更换。

结算。任一玩家和牌或牌堆的牌被抓完，则牌局结束；输家按下列规则计算本局的得分：

牌型倍数。平和 ×1；一色 ×2；四对 ×3；八幺 ×4。

庄家倍数。庄家 ×2；非庄家 ×1。

自发倍数。自发 ×2；推倒 ×1。

触发罚分。自己触发 −2。

输家得分 = 牌型倍数 × 庄家倍数 × 自发倍数 ＋ 触发罚分，为负分。

赢家得分 = 输家得分之和，为正分，输家得分加总后绝对值为赢家得分。

流局。牌堆的牌被抓完，仍旧无人和牌，则所有玩家计分为零；下一局需要更换庄家。

（4）惩罚。遇有下列情况，裁判予以玩家直接停牌或扣除点数惩罚：

抓牌错误。出现多抓牌、错抓牌等情况的玩家，当时予以制止和更正；若进行到后续步骤时发现的，允许其继续抓牌、出牌，但不允许碰牌、吃牌、和牌，直到牌局结束，且计算得分。

出牌错误。出现多出牌、错出牌等情况的玩家，当时予以制止和更正；若进行到后续步骤时发现的，允许其继续抓牌、出牌，但不允许碰牌、吃牌、和牌，直到牌局结束，且计算得分。

计分错误。出现计分错误等情况的玩家，当时予以制止和更正，要求其重新计算；若进行到后续步骤时发现的，扣除积分至等同于当时积分最低的玩家。

影响进程。游戏中同种错误重复出现、计算超时、存在影响其他玩家出牌的行为，判该玩家出局。

（5）胜负。**根据胜负规则来排列玩家名次；**存在出局玩家时，排在末位；满足结束条件时，按战绩降序排列未出局玩家名次。

某一玩家出局，游戏结束。

某一玩家获胜局数达到二十四局【或达到裁判提前公布的局数】，该玩家获胜，从第二名玩家的两倍或该玩家当时积分中选择多的作为最终积分；"**胜局二十四**"。

第三十六回合末【或达到裁判提前公布的回合数目】，游戏结束；"**三十六鸣金**"。

6. 娱乐日游戏——浑水摸鱼

（1）玩家 3~4 人，裁判 1 人。

（2）无地图，神兽牌 4 张、物品牌 72 张。

神兽牌。4 张神兽牌（4 种玖级）或其他级别均可，确保四种不同类别神兽备选。

物品牌。72 张物品牌（4 种 ×3 级 ×【1 九 +2 三 +3 六】张）。

（3）确定流程。抽牌、洗牌、抓牌、出牌、过牌、停牌。

游戏开始前，裁判安排玩家抽牌就座，讲解规则。

抽牌。裁判将 4 张不同"神兽牌"组成牌堆，每个玩家随机抽取一张，玩家按抽取的【凤凰、夔牛、螭龙、麒麟】顺序逆时针就座。

游戏按照局进行，每一局之前，裁判洗牌。

洗牌。裁判将"物品牌"打乱顺序，重新随机排列，牌面向下堆放组成初始牌堆。

每局中，玩家首先抓牌，然后按照规则出牌、过牌、停牌，牌局结束。

抓牌。玩家轮流从初始牌堆每次抓一张"物品牌"，逆时针顺序直到初始牌堆被抓完为止；抓牌须符合以下规则：

初始顺序。第一回合，由就座时抽到"凤凰"的玩家首先抓牌。

正常顺序。之后的回合，由上一局首先出完牌的玩家先抓牌。

抓牌轮次。4 人游戏时，每人抓 18 张；3 人游戏时，每人抓 24 张。

亮牌。第一局的抓牌过程中，首先亮出"雷·三"的玩家将首先出牌。

出牌。玩家可以将手牌中的若干张牌组合成任一种规范牌型打出，但必须比上一玩家打出的牌型大；玩家逆时针顺序轮流出牌；轮到某一玩家时，玩家可以选择过牌；出牌须符合以下规则：

初始顺序。第一局，摸牌过程中首先亮出雷三的玩家将首先出牌；但第一手牌中必须包含雷三。

正常顺序。之后的牌局，先摸牌者（上一局首先出完牌的玩家）先出，出牌不需要包含雷三。

规范牌型。单张、一对、同三、花三、顺三、同四、花四、同五、同六、同七、同八、同九。

单张。普通牌型；任意一张单牌。

一对。普通牌型；任意两张名称相同的牌。

同三。特殊牌型；任意三张花色相同、点数相同的牌【名称相同】。

花三。特殊牌型；任意三张花色均不相同、点数相同的牌。

顺三。特殊牌型；任意三张花色相同、点数不同的牌【必须是三、六、九】。

同四。特殊牌型；任意四张花色相同、点数相同的牌【名称相同】。

花四。特殊牌型；任意四张花色不同、点数相同的牌【必须是水、火、风、雷】。

同五。特殊牌型；任意五张名称相同的牌。

同六。特殊牌型；任意六张名称相同的牌。

同七。特殊牌型；任意七张名称相同的牌【只有六】。

同八。特殊牌型；任意八张名称相同的牌【只有六】。

同九。特殊牌型；任意九张名称相同的牌【只有六】。

牌型大小。各种牌型的大小按照以下规则：

基本牌型。基本牌型包括单张、一对，相互之间不能管，即当上家打出其中一张牌型时，下家不能打出另一种牌型。

基本牌型的点数大小。基本牌型先比较"点数"，按【九、六、三】的顺序；例如单张雷、六可以管单张雷三。

基本牌型的花色大小。"点数"相同的基本牌，按【水、火、风、雷】的顺序，例如一对火、三可以管一对雷三。

特殊牌型比基本牌型大。当上家打出其中基本牌型的牌时，下家可以打出任一种特殊牌型去管。

不同种特殊牌型的大小。按【同三、花三、顺三、同四、花四、同五、同六、同七、同八、同九】由小到大。

同种特殊牌型的大小。按照以下规则：

同三。先比较点数大小【九、六、三】的顺序；例如"同三"六管"同三"三；点数相同时，按【水、火、风、雷】的顺序比较，高过则能管。

花三。先比较点数大小【九、六、三】的顺序；例如"花三"六管"花三"三；点数相同时，按【水、火、风、雷】的顺序比较三张牌中最大的一张，高过则能管。

顺三。按【水、火、风、雷】的顺序比较，高过则能管。

同四。先比较点数大小【九、六、三】的顺序；点数相同时，按【水、火、风、雷】的顺序比较，高过则能管。

花四。比较点数大小【九、六、三】，高过则能管。

同五、同六、同七、同八、同九。先比较张数【九、八、七、六、五】；张数相同时，再比较点数大小【九、六、三】的顺序；点数相同时，按【水、火、风、雷】的顺序比较，高过则能管。

过牌。轮到某一玩家出牌时，玩家可以根据需要选择不出牌；过牌须符合以下规则：

过三家。四人游戏时，某一玩家打出一手牌后，其他三家连着选择"过牌"，则牌局成为"停牌"。

过两家。三人游戏时，某一玩家打出一手牌后，其他两家连着选择"过牌"，则牌局成为"停牌"。

牌局出现"过三家"或"过两家"的情况，由刚才打出最后一手牌的玩家出牌，该玩家可以打出其他任一种规范牌型。

停牌。任一玩家打完手中的牌，则牌局结束。

结算。各玩家计算本局的积分；结算须符合以下规则：

直接计分。剩余手牌的玩家，须将所有剩余手牌上的"点数"相加，得到负分；获胜玩家得到这些负分之和的绝对值。

间接计分（四人游戏时）：

A 的得分 =（B 的点数 — A 的点数）+（C 的点数 — A 的牌分）+（D 的点数 — A 的点数）

B 的得分 =（A 的点数 — B 的点数）+（C 的点数 — B 的点数）+（D 的点数 — B 的点数）

C 的得分 =（A 的点数 — C 的点数）+（B 的点数 — C 的点数）+（D 的点数 — C 的点数）

D 的得分 =（A 的点数 — D 的点数）+（B 的点数 — D 的点数）+（C 的点数 — D 的点数）

间接计分（三人游戏时）：

A 的得分 =（B 的点数 — A 的点数）+（C 的点数 — A 的点数）

B 的得分 =（A 的点数 — B 的点数）+（C 的点数 — B 的点数）

C 的得分 =（A 的点数 — C 的点数）+（B 的点数 — C 的点数）

比如三人游戏时，最终牌分 0、30、50；直接计分时，最终得分是 80、-30、-50；间接计分时，最终得分是 80、—10、—70。

（4）惩罚。遇有下列情况，裁判予以玩家直接停牌或扣除点数惩罚：

抓牌错误。出现多抓牌、错抓牌等情况的玩家，当时予以制止和更正；若进行到后续步骤时发现的，强制其过牌至停牌。

出牌错误。出现多出牌、错出牌等情况的玩家，当时予以制止和更正；若进行到后续步骤时发现的，强制其过牌至停牌。

计分错误。出现计分错误等情况的玩家，当时予以制止和更正，要求其重新计算；若进行到后续步骤时发现的，扣除积分至等同于当时积分最低的玩家。

影响进程。回合内同种错误重复出现、计算超时、存在影响其他玩家出牌的行为，强制其过牌至结束。

（5）胜负。**多人游戏时，可根据胜负规则来排列玩家名次；**存在出局玩家时，按出局先后顺序排在末位；满足结束条件时，按战绩降序排列未出局玩家名次。

某一玩家被强制停牌三次【或达到裁判提前公布的强制停牌限度】，出局并被判负；"**强停达三次**"。

只剩下两名玩家【四人游戏时，一人出局仍可继续牌局】，游戏结束；"玩家数不足"。

某一玩家获胜局数达到二十四局【或达到裁判提前公布的局数】，该玩家获胜，从第二名玩家的两倍或该玩家当时积分中选择多的作为最终积分；"胜局二十四"。

第三十六回合末【或达到裁判提前公布的回合数目】，游戏结束；"三十六鸣金"。

7. 裁决

（1）惩罚。遇有下列情况，裁判予以玩家直接停牌或扣除点数惩罚：

牌面错误。出现多摸牌、错摸牌、未弃限制牌、混淆任务牌组合、棋子位置不对等情况的玩家，当时予以制止或更正；若进行到后续步骤时发现的，当前回合强制其停牌，计0分。

出牌错误。出现形状选择错误、路线选择错误、存在物品禁忌等情况的玩家，当时予以制止，要求其重新出牌；若进行到后续步骤时发现的，当前回合强制其停牌，计0分，并罚两倍于当时神兽级别的点数。

计算错误。出现任务奖励、折算步点、弃牌惩罚、满载奖励、要牌扣点错误等情况的玩家，当时予以制止或更正，要求其重新计算；若进行到后续步骤时发现的，要求其重新计算并罚两倍于当时神兽级别的点数。

影响进程。回合内同种错误重复出现、计算超时【裁判评定】，当前回合强制其停牌，计0分；存在影响其他玩家出牌的行为【裁判评定】，视情节严重，可罚两至五倍于当时神兽级别的点数。

罚分累计。各项罚分计入战绩，允许战绩暂时被罚为负数。

休闲娱乐。娱乐日中玩家参与相应游戏中的表现，不计入玩家惩罚。

（2）胜负。**多人游戏时，可根据胜负规则来排列玩家名次**；存在出局玩家时，按出局先后顺序排在末位；满足结束条件时，按战绩降序排列未出局玩家名次。

某一玩家被强制停牌三次【或达到裁判提前公布的强制停牌限度】，出局并被判负；**"强停达三次"**。

某一玩家罚分累计超过100【或达到裁判提前公布的罚分限度】，出局并被判负；**"罚分超一百"**。

第三十六回合末【或达到裁判提前公布的回合数目】，游戏结束；"三十六鸣金"。

游戏结束后，根据玩家拥有总资产数排列玩家名次；**"总资产排名"**。

使用说明

一、进程控制

1. 第一阶段：先修课程

（1）相关知识。参与者应学习"管理学原理""运筹学""物流管理""生产与运作管理"等课程的部分相关章节。

（2）感性认识。或对常见物流场景诸如送货、取货环节有基本认识，有一定数学基础。

2. 第二阶段：实验准备

（1）人员分组。建议都采用单人成组，若希望参与者相互交流或自学为主，也可以采用双人成组，"宏图"涉及的决策环节相对较多，也可以三人成组。

分组时，随机分组即可；也可动态分组，如"宏图"（按"通达"和"经纬"的积分蛇形排列，两两组合，确保积分相对接近），进程中，也可以按即时积分，淘汰积分较低的几组，重组加入积分较高的几组中。

（2）道具准备。事先印制相应的道具、表格。"通达"需要"小地图"一份，"车辆牌""地点牌""物品牌""形状牌"各一套；"经纬"需要"大地图"一份，"车辆牌""地点牌""物品牌""形状牌"各一套；"宏图"需要"小地图"一份，"车辆牌""地点牌""物品牌""形状牌"各一套；"车辆牌""地点牌""物品牌""形状牌"的数量应与人数/组数相匹配。

3. 第三阶段：讲解示范

（1）规则讲解。按"规则"课件进行，三个模块有较为严格的衔接关系，其中"通达"与"经纬"部分规则接近，且"通达"难度较低，应先讲解"通达"；在学时数受限情况下，也可以不讲"经纬"，而在"通达"中使用一两次"经纬"的大地图即可；"宏图"需要用到"通达"的核心循环，故最后讲解；要强调对"货物运输"问题模拟的基本逻辑是突出和简化，允许参与者讨论和提问，使参与者能够尽快理解规则。

（2）操作示范。按"实例"课件进行，可视情况与规则讲解同时进行；要强调思考和行动的关系，避免纠结于规则以及执行中的错误。

4. 第四阶段：模拟运行

（1）行动纪律。实验采用"回合制"，需要参与者在有限的时间内"单独行动"，以及在特定环节"集体行动"，要强调思考时间和行动时间的快速有效，避免进程拖沓。

（2）核心循环。在参与者不断重复的过程中，个别指导与集体指导相结合，纠正常见的错误认识和执行中的失误行为，引导其在正常的行动层面完成实验。

5. 第五阶段：评定总结

（1）计分排名。实验结果按积分即可排名，应重点奖励表现优异的参与者，同时鼓励而非惩罚表现较差的参与者。

（2）表现总结。要求每组或一些参与者陈词总结；对遵守规则、尊重对手的行为表示肯定；对积分较高/较低的原因进行点评。

6. 第六阶段：实验结束

（1）收取记录用的表格，可以此作为成绩评定的依据。

（2）反思实验中出现的特定状况，对不良影响予以处理；整理实验所用数据，对不当之处予以标记。

二、要点指导

1. 建议实验先按照基本规则进行，可以在随后的回合中适当调整和变化。
2. 实验准备阶段。要充分考虑参与者状况，备齐所需的道具、表格、数据等。
3. 讲解示范阶段。要提醒参与者多关注货物运输过程模拟的内在逻辑，避免其对规则的过度质疑；引导、说明、演示简练有效，避免误导参与者。

4. 模拟运行阶段。要强调参与者要能够依据对所处局面合理判断实施恰当的行动方案，避免对积分的盲目追求。

5. 评定总结阶段。要有以积分排名的形式并祝贺优胜者，重点在对参与者总结的点评，对常见失误、常规做法以及特定行为分别评价。

6. 实验结束阶段。要详细评阅记录表格，反思和总结实验中出现的问题。

实验 4

生产经营

导航

本实验主要由"设计思路＋实训模块＋使用说明"三部分组成。

首先介绍实验的设计思路，然后展示实验"青铜"的整体方案，分别讲解三个实验模块的规则，并以实例示范实验进程，最后从进程控制和要点指导讲解实验的使用说明。

设计思路

一、目标设定

1. 设计一种围绕生产展开的经营模拟实验，包含人员、设备、物料、工艺、资金等多种生产要素，涉及设施布局、订单选择、原料供应、产品加工、工艺分解、生产计划、作业调度、仓库存放、车辆运输等多个经营环节。

2. 以流程设计、环境营造为主的规则设置既要清晰、简明地勾勒出生产经营问题的特征，又要积极、有效地驱动参与者强烈的融入意愿；以规则调整、参数变化为主的进程控制既要符合生产经营过程的拓展和延伸，又要满足参与者多样性和趣味性的预期。

3. 在实验过程中，参与者应该能够感受到生产经营的复杂性，能够认识到多种要素形成的组合与制约关系，能够理解多个环节形成的衔接与匹配机制，最终完成兼具效率和效果的决策。

4. 最终设计方案"青铜"，包括三个模块：

（1）饕餮。模拟库房的周转过程。课时建议 2 课时。

（2）天成。模拟依托设备的生产过程和借助库房的销售过程。课时建议 4 课时。

（3）匠心。模拟复杂系统的生产过程。课时建议 6 课时。

二、需求分析

1. 需要多种要素、多个环节来模拟生产经营的复杂环境。

2. 需要多个指标、动态反馈持续地衡量参与者的行动方案。

3. 需要以自动生成为主的动态数据模拟变化，允许具备一定随机性特征。
4. 需要简单、自明的道具辅助参与者标识状态、完成决策、衡量效果。
5. 需要包括相互关联、重点不同的实验内容，确保相关知识点的掌握。
6. 需要根据参与者状态适当调整要求和进度，确保兴趣的合理迁移。

实训模块 1　饕餮

一、实训准备

1. 适应场景：仓储/销售等经营过程。
2. 对局角色：玩家数不限，裁判一人（可选）。
3. 准备材料：库房图1张；器物牌40种，总数与玩家数相匹配。
（1）库房（图4-1）。
（2）器物（表4-1）。
（3）器物详情（表4-2）。

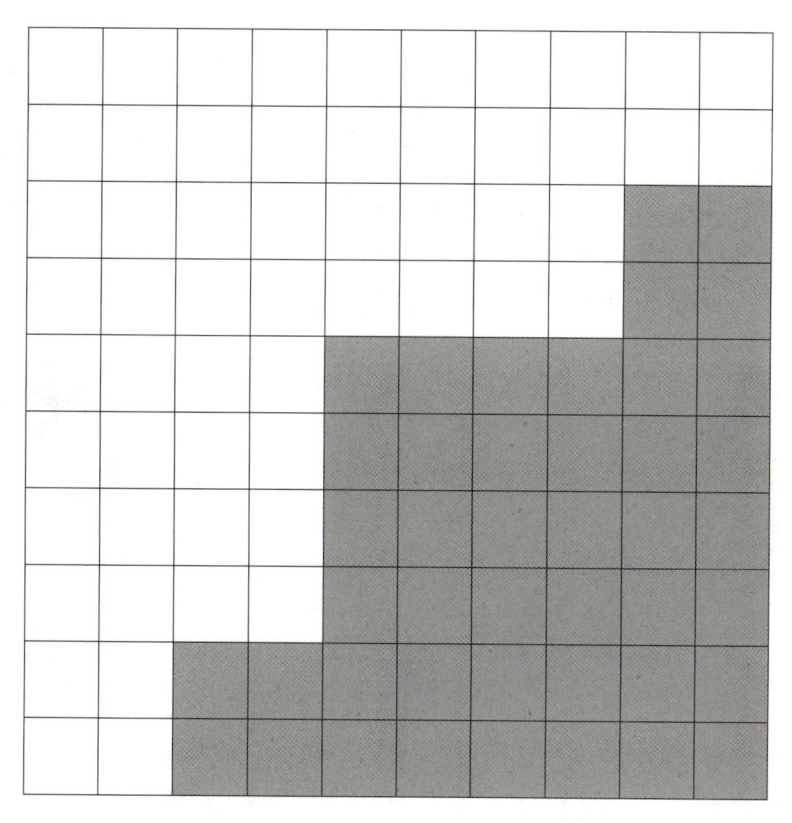

图 4-1　库房（饕餮）

表 4-1　　　　　　　　器物[①]（饕餮）

♠A 镜	♥A 灯	♠2 钟
♥2 铃	♠3 矛	♥3 剑
♠4 钺	♥4 戈	♠5 匜
♥5 斗	♠6 盂	♥6 盆
♠7 盘	♥7 盈	♠8 缶

① 印刷原因，本章红色器物以蓝色印制，彩图见课件资料。

实验4　生产经营

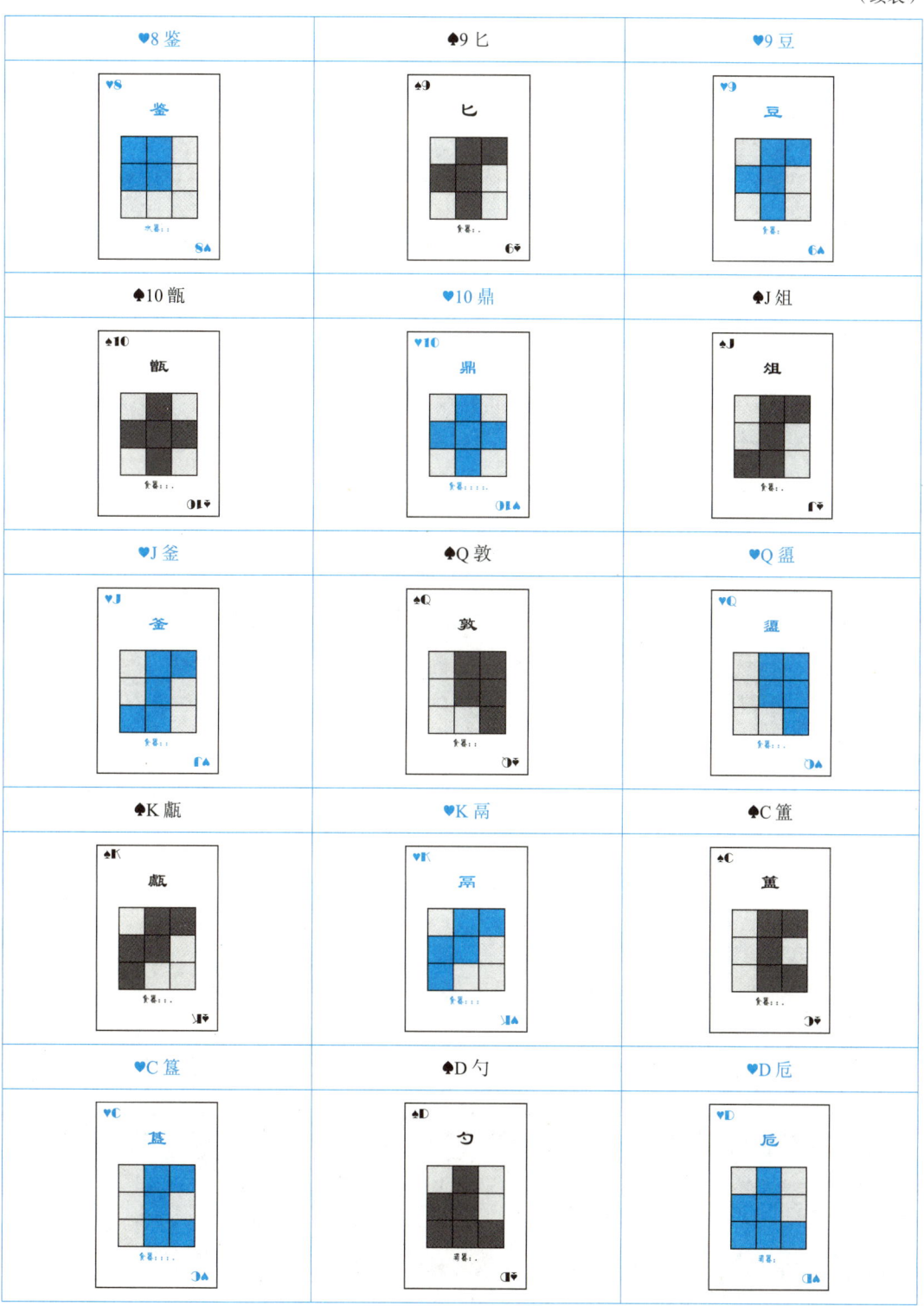

（续表）

♥8 鉴	♠9 匕	♥9 豆
♠10 甑	♥10 鼎	♠J 俎
♥J 釜	♠Q 敦	♥Q 盨
♠K 甗	♥K 鬲	♠C 簠
♥C 簋	♠D 勺	♥D 卮

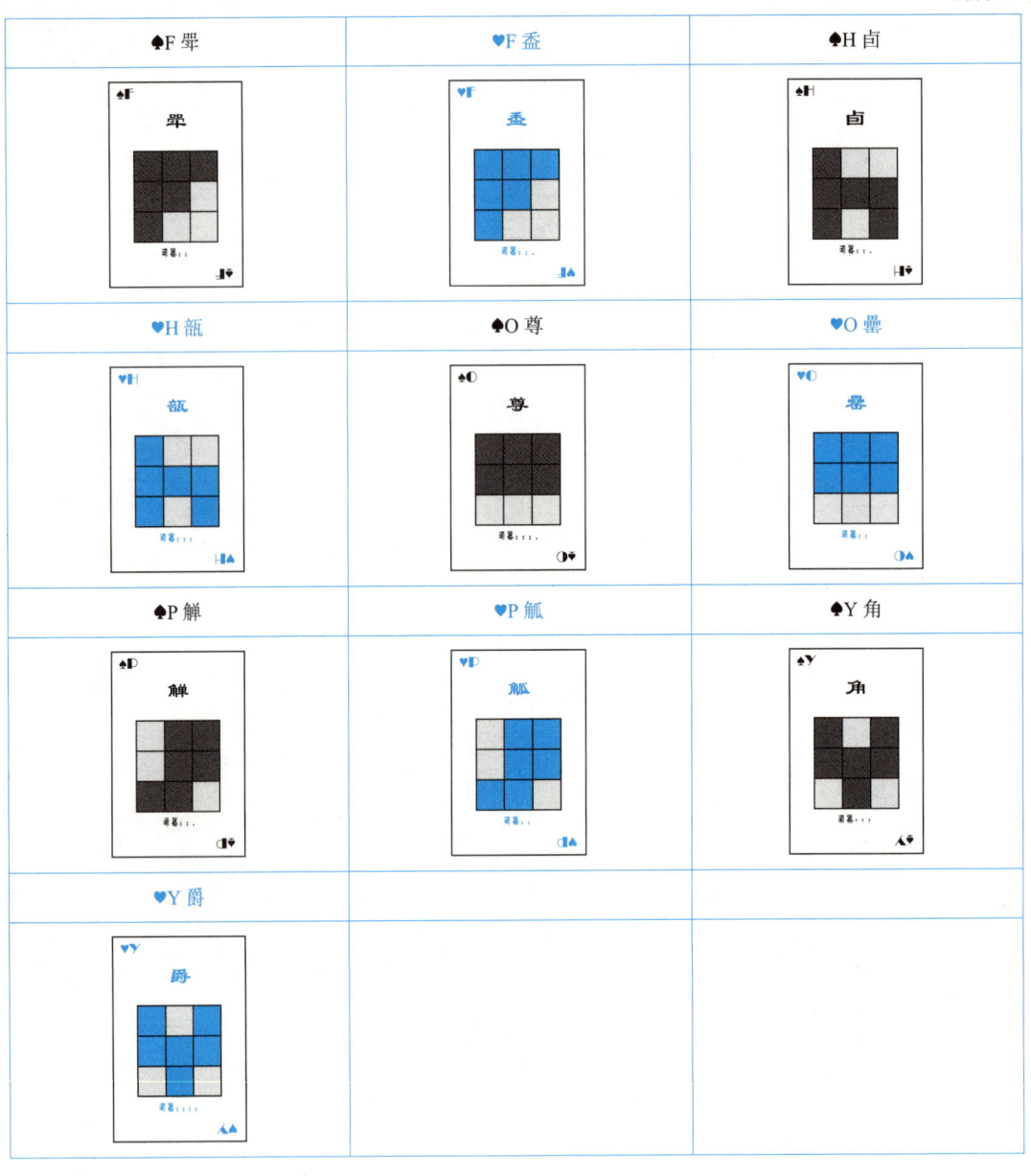

(续表)

♠F 罩	♥F 盉	♠H 卣
♥H 瓿	♠O 尊	♥O 罍
♠P 觯	♥P 觚	♠Y 角
♥Y 爵		

表 4-2　　　　　　　　　器物详情（饕餮）

种类 / 块数 / 名称 / 物品参数	种类 / 块数 / 名称 / 物品参数	种类 / 块数 / 名称 / 物品参数
A 杂器　1 镜 4　1 灯 6	9 食器　5 匕 3　5 豆 2	D 酒器　6 勺 3　6 卮 2
2 乐器　2 钟 7　2 铃 2	10 食器　5 甗 5　5 鼎 9	F 酒器　6 罩 4　6 盉 5
3 兵器　3 矛 4　3 剑 7	J 食器　5 俎 3　5 釜 4	H 酒器　6 卣 5　6 瓿 6
4 兵器　3 钺 5　3 戈 3	Q 食器　5 敦 4　5 盨 5	O 酒器　6 尊 7　6 罍 8
5 水器　4 匜 4　4 斗 2	K 食器　5 甑 5　5 鬲 6	P 酒器　6 觯 5　6 觚 4

(续表)

种类/块数/名称/物品参数			种类/块数/名称/物品参数			种类/块数/名称/物品参数		
6 水器	4 盂 3	4 盆 2	C 食器	5 簋 5	5 簋 7	Y 酒器	6 角 6	6 爵 8
7 水器	4 盤 3	4 盌 1	价值 = 块数 × 物品参数 × 其他参数 如：A 杂器 1 镜 4 价值为 1×4=4					
8 水器	4 缶 3	4 鉴 4						

二、规则讲解

1. 确定流程：每一回合包括进货、存放、出货、结算四个阶段

流程开始前，确定回合数和胜负判定依据，以及公布流程所需所有参数。

（1）进货。形式上为玩家从牌堆抓取若干张"器物牌"，进货须符合以下规则：

进货顺序。任一回合，随机确定一个玩家先进货，其后玩家逆时针顺序轮流进货。

进货数量。玩家每次抓取一张"器物牌"置于手中，可以根据手中"器物牌"牌面总块数的状况，主动停止进货。

库容限制。玩家手中所有"器物牌"的块数等于或大于四十四时，不允许再进货。

进货检查。玩家记录本回合的进货状况。

（2）存放。形式上为玩家将手中所有"器物牌"以合理的堆叠方式置于库房网格内，存放须符合以下规则：

合理放置。允许将"器物牌"旋转、翻转，必须保证不超出库房轮廓。

无处安放。未装入库中的"器物牌"按张数计"刺"。

存放检查。玩家记录本回合的存放状况。

（3）出货。形式上为玩家将某种颜色"器物牌"移出库房，获得积分，出货须符合以下规则：

出货顺序。任一回合，玩家各自出牌。

唯一出手。任一回合，每一玩家只有一次出货机会，允许放弃本回合的出货机会。

颜色选择。任一回合，玩家唯一确定本回合移出"器物牌"的颜色：黑或红；同时保留另一种颜色的所有"器物牌"。

惩罚刺数。必须在确定移出颜色的"器物牌"中，保留与"刺"数等量的牌在库中；其余符合此颜色的"器物牌"可以打出。

出货收入。按价值计算出货的"器物牌"。

存货清点。将未移出的"器物牌"保留在手中，作为下一回合库房的初始货物；最终回合的存货不计入总积分。

出货检查。玩家记录本回合的出货状况。

（4）结算。出货之后，玩家进行本回合的积分结算，结算须符合以下规则：

收支核验—当前金数 = 初始金数 + 出货收入。

2. 裁决

（1）遇有下列情况，裁判予以玩家强制结束或扣除积分惩罚：

进货错误。出现多进货、错进货等情况的玩家，当时予以制止或更正；若进行到后续步骤时发现的，当前回合强制其结束，计 0 分。

存放错误。出现堆叠超出库房轮廓、计"刺"错误等情况的玩家，当时予以制止或更正；若进行到后续步骤时发现的，当前回合强制其结束，计 0 分。

出货错误。出现颜色选择错误、惩罚刺数错误等情况的玩家，当时予以制止，要求其重新出牌；若进行到后续步骤时发现的，当前回合强制其结束，计 0 分。

影响进程。回合内同种错误重复出现、计算超时，当前回合强制其结束，计 0 分；存在影响其他玩家出牌的行为，视情节严重，可扣减一定数量的当前积分。

（2）胜负。多人游戏时，可根据积分多少来排列玩家名次；积分相同的情形，移出"器物牌"张数多的玩家名次靠前。

3. 记录

可根据需要选用图 4-2 辅助计算和统计。

年度		学号		姓名	
黑A镜4❶ 红A灯6❶		黑2钟7❷ 红2铃2❷		黑3矛4❸ 红3剑7❸		黑4钺5❸ 红4戈3❸
黑5匜4❹ 红5斗2❹		黑6盂3❹ 红6盆2❹		黑7盘3❹ 红7瑽1❹		黑8缶3❹ 红8鉴4❹
黑9匕3❺ 红9豆2❺		黑10甑5❺ 红10鼎9❺		黑J俎3❺ 红J釜4❺		黑Q敦4❺ 红Q罋5❺
黑K瓶5❺ 红K鬲6❺		黑C簋5❺ 红C簠7❺		黑D勺3❻ 红D卮2❻		黑F罍4❻ 红F盉5❻
黑H卣5❻ 红H觚6❻		黑O尊7❻ 红O罍4❻		黑P觯5❻ 红P觚4❻		黑Y角6❻ 红Y爵8❻

库			1		库			2		库			3	
	44					44					44			
备注：														
库			4		库			5		库			6	
	44					44					44			

图 4-2　记录（饕餮）

备注：													
黑A镜 4❶		件	黑2钟 7❷			黑3矛 4❸			黑4钺 5❸				
红A灯 6❶			红2铃 2❷			红3剑 7❸			红4戈 3❸				
黑5匜 4❹			黑6盂 3❹			黑7盘 3❹			黑8缶 3❹				
红5斗 2❹			红6盆 2❹			红7盔 1❹			红8鉴 4❹				
黑9匕 3❺			黑0甑 5❺			黑J俎 3❺			黑Q敦 4❺				
红9豆 2❺			红0鼎 9❺			红J釜 4❺			红Q簠 5❺				
黑K甗 5❺			黑C簋 5❺			黑D勺 3❻			黑F斝 4❻				
红K鬲 6❺			红C箧 7❺			红D卮 2❻			红F盉 5❻				
黑H卣 5❻			黑O尊 7❻			黑P觯 5❻			黑Y角 6❻				
红H瓿 6❻			红O罍 4❻			红P觚 4❻			红Y爵 8❻				
累计件数			件	累计金数				金	折合金数				金

续图 4-2　记录（饕餮）

4. 补充规则

（1）对局总数。事先确定，或以累计得分判定最终胜负。

（2）相同状态。将玩家面临的初始状态、每一回合的任务参数均设置为相同，以此取得的积分具有可比性。

（3）变更库房。将"库"减少容量为"房"、"屋"、"仓"；或随着回合数增加，每一回合增加一定的库房容量以增加难度。

（4）调整比例。适当增加/减少 1-4 块"器物牌"的占比。

（5）折算积分。将每一回合积分计算公式调整为出货件数加出货收入。

（6）其他情况。无裁判、出现上述规则及约定未提及的情形，需双方重新商定，确保公平性和可行性。

三、进程实例

1. 实例一：饕餮（六回合）

（1）回合一步骤一，要牌情况见表 4-3。

表 4-3　　　　　　　　要牌（回合一）

序号	名称	价值	块数	累计块数
1	黑 8- 缶 -3-4	12	4	4
2	黑 K- 甋 -5-5	25	5	9
3	红 4- 戈 -3-3	9	3	12
4	红 Y- 爵 -8-6	48	6	18
5	红 A- 灯 -6-1	6	1	19
6	红 4- 戈 -3-3	9	3	22
7	红 J- 釜 -4-5	20	5	27
8	黑 J- 妞 -3-5	15	5	32
9	红 Q- 罎 -5-5	25	5	37
10	红 D- 厄 -2-6	12	6	43
11	-			

（2）回合一步骤二，堆叠情况如图 4-3 所示。

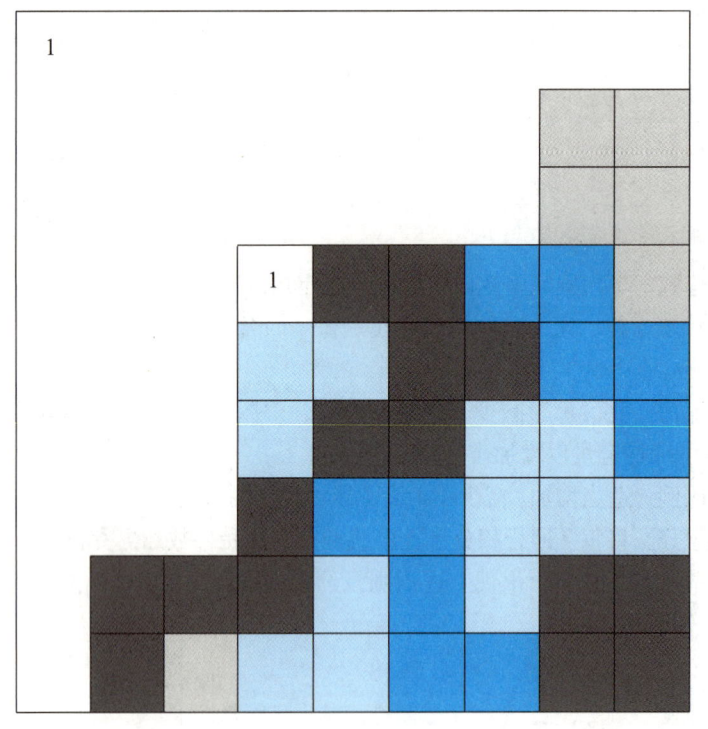

图 4-3　堆叠（回合一）

（3）回合一步骤三，出牌情况见表 4-4。

表 4-4　　　　　　　　　　　出牌（回合一）

序号	名称	价值	块数
1	红 4- 戈 -3-3	9	3
2	红 4- 戈 -3-3	9	3
3	红 A- 灯 -6-1	6	1
4	红 D- 卮 -2-6	12	6
5	红 J- 釜 -4-5	20	5
6	红 Q- 瘟 -5-5	25	5
7	红 Y- 爵 -8-6	48	6
总件数	7		
总块数	29		
总价值	129		

（4）回合一步骤四，余牌情况见表 4-5。

表 4-5　　　　　　　　　　　余牌（回合一）

序号	名称	价值	块数
1	黑 8- 缶 -3-4	12	4
2	黑 J- 俎 -3-5	15	5
3	黑 K- 甗 -5-5	25	5
件数（黑）	3		
件数（红）			
总块数	14		
总价值	52		

（5）回合二步骤一，要牌情况见表 4-6。

表 4-6　　　　　　　　　　　要牌（回合二）

序号	名称	价值	块数	累计块数
1	黑 8- 缶 -3-4	12	4	
2	黑 J- 俎 -3-5	15	5	
3	黑 K- 甗 -5-5	25	5	14
4	红 F- 盉 -5-6	30	6	20
5	红 4- 戈 -3-3	9	3	23

（续表）

序号	名称	价值	块数	累计块数
6	黑 2- 钟 -7-2	14	2	25
7	黑 A- 镜 -4-1	4	1	26
8	红 J- 釜 -4-5	20	5	31
9	红 A- 灯 -6-1	6	1	32
10	黑 0- 甑 -5-5	25	5	37
11	红 C- 篦 -7-5	35	5	42-
12	黑 2- 钟 -7-2	14	2	44
13	-			

（6）回合二步骤二，堆叠情况如图 4-4 所示。

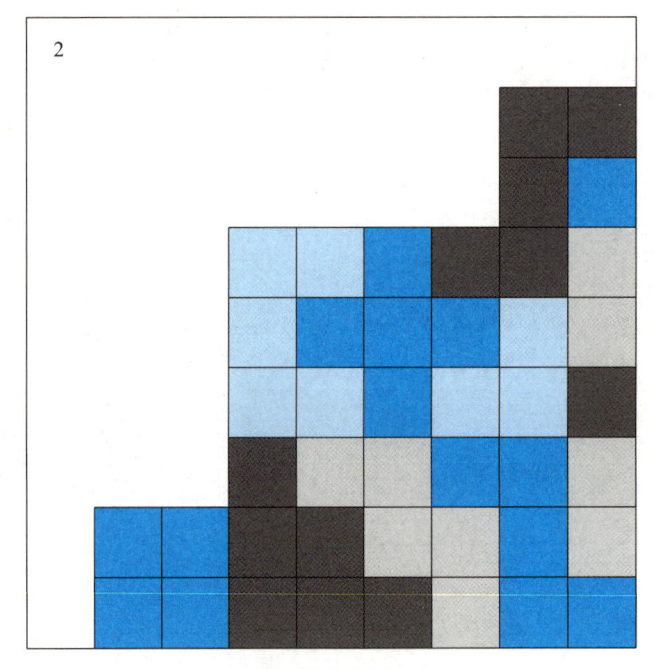

图 4-4 堆叠（回合二）

（7）回合二步骤三，出牌情况见表 4-7。

表 4-7　　　　　　　　　　出牌（回合二）

序号	名称	价值	块数
1	黑 K- 甗 -5-5	25	5
2	黑 J- 俎 -3-5	15	5
3	黑 A- 镜 -4-1	4	1

（续表）

序号	名称	价值	块数
4	黑 8- 缶 -3-4	12	4
5	黑 2- 钟 -7-2	14	2
6	黑 2- 钟 -7-2	14	2
7	黑 0- 甑 -5-5	25	5
总件数	7		
总块数	24		
总价值	109		

（8）回合二步骤四，余牌情况见表 4-8。

表 4–8　　　　　　　　　　　余牌（回合二）

序号	名称	价值	块数
1	红 J- 釜 -4-5	20	5
2	红 F- 盉 -5-6	30	6
3	红 C- 簋 -7-5	35	5
4	红 A- 灯 -6-1	6	1
5	红 4- 戈 -3-3	9	3
件数（黑）			
件数（红）	5		
总块数	20		
总价值	100		

（9）回合三步骤一，要牌情况见表 4-9。

表 4–9　　　　　　　　　　　要牌（回合二）

序号	名称	价值	块数	累计块数
1	红 J- 釜 -4-5	20	5	
2	红 F- 盉 -5-6	30	6	
3	红 C- 簋 -7-5	35	5	
4	红 A- 灯 -6-1	6	1	

137

（续表）

序号	名称	价值	块数	累计块数
5	红 4- 戈 -3-3	9	3	20
6	红 4- 戈 -3-3	9	3	23
7	黑 6- 盂 -3-4	12	4	27
8	红 5- 斗 -2-4	8	4	31
9	黑 9- 匕 -3-5	15	5	36
10	红 0- 鼎 -9-5	45	5	41
11	-			

（10）回合三步骤二，堆叠情况如图 4-5 所示。

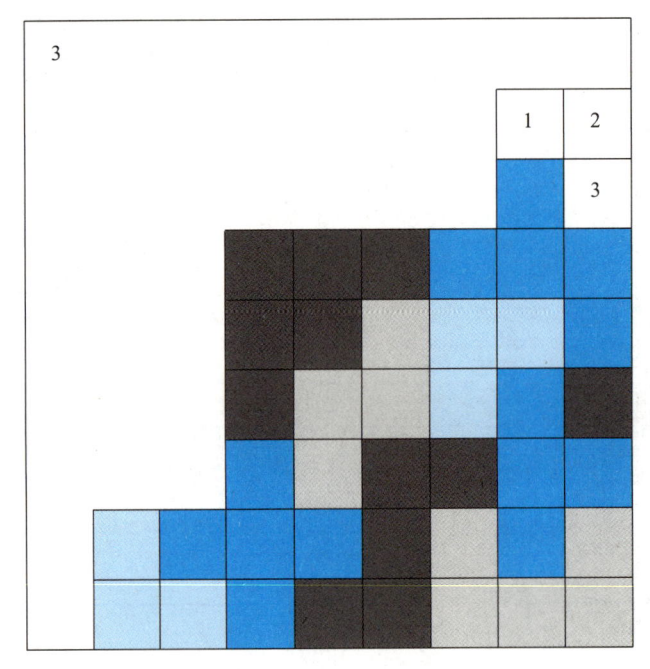

图 4-5　堆叠（回合三）

（11）回合三步骤三，出牌情况见表 4-10。

表 4-10　　　　　　　　　　出牌（回合三）

序号	名称	价值	块数
1	红 0- 鼎 -9-5	45	5
2	红 4- 戈 -3-3	9	3

（续表）

序号	名称	价值	块数
3	红4-戈-3-3	9	3
4	红5-斗-2-4	8	4
5	红A-灯-6-1	6	1
6	红C-篙-7-5	35	5
7	红F-盉-5-6	30	6
8	红J-釜-4-5	20	5
总件数	8		
总块数	32		
总价值	162		

（12）回合三步骤四，余牌情况见表4-11。

表4-11　　　　　　　　　　　余牌（回合三）

序号	名称	价值	块数
1	黑6-盂-3-4	12	4
2	黑9-匕-3-5	15	5
件数（黑）	2		
件数（红）			
总块数	2		
总价值	27		

（13）回合四步骤一，要牌情况见表4-12。

表4-12　　　　　　　　　　　要牌（回合四）

序号	名称	价值	块数	累计块数
1	黑6-盂-3-4	12	4	
2	黑9-匕-3-5	15	5	9
3	红C-篙-7-5	35	5	14
4	黑6-盂-3-4	12	4	18

（续表）

序号	名称	价值	块数	累计块数
5	黑9-匕-3-5	15	5	23
6	黑3-矛-4-3	12	3	26
7	黑5-匝-4-4	16	4	30
8	黑A-镜-4-1	4	1	31
9	红4-戈-3-3	9	3	34
10	红A-灯-6-1	6	1	35
11	黑O-尊-7-6	42	6	41
12	黑Y-角-6-6	36	6	47
13	-			

（14）回合四步骤二，堆叠情况如图4-6所示。

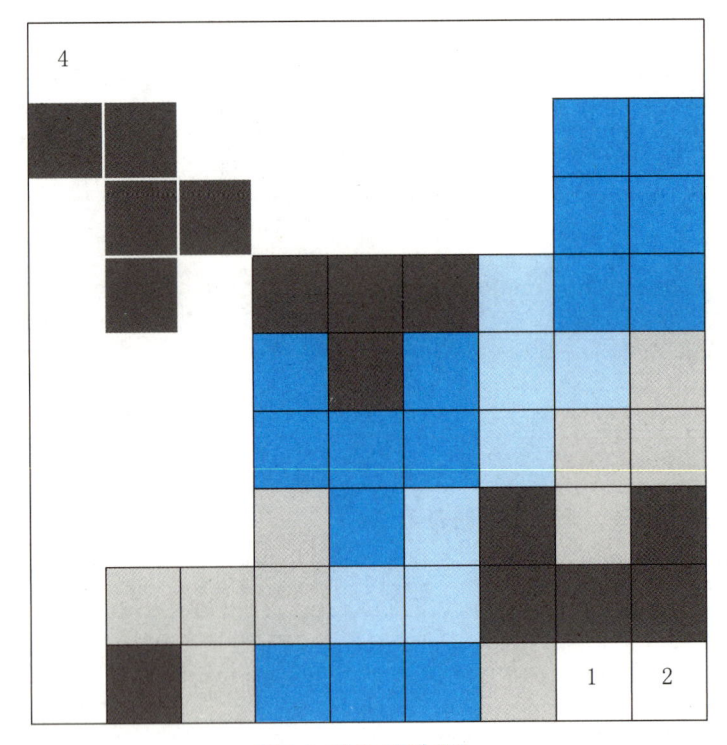

图4-6 堆叠（回合四）

（15）回合四步骤三，出牌情况见表4-13。

表 4–13　　　　　　　　　　出牌（回合四）

序号	名称	价值	块数
1	黑 Y- 角 -6-6	36	6
2	黑 O- 尊 -7-6	42	6
3	黑 9- 匕 -3-5	15	5
4	黑 9- 匕 -3-5	15	5
5	黑 6- 盂 -3-4	12	4
6	黑 6- 盂 -3-4	12	4
7	黑 5- 匜 -4-4	16	4
8	黑 3- 矛 -4-3	12	3
总件数	8		
总块数	37		
总价值	160		

（16）回合四步骤四，余牌情况见表 4-14。

表 4–14　　　　　　　　　　余牌（回合四）

序号	名称	价值	块数
1	红 C- 簋 -7-5	35	5
2	红 A- 灯 -6-1	6	1
3	红 4- 戈 -3-3	9	3
4	黑 A- 镜 -4-1	4	1
件数（黑）	1	4	1
件数（红）	3	9	3
总块数	10		
总价值	54		

（17）回合五步骤一，要牌情况见表 4-15。

表 4–15　　　　　　　　　　要牌（回合五）

序号	名称	价值	块数	累计块数
1	红 C- 簋 -7-5	35	5	
2	红 A- 灯 -6-1	6	1	
3	红 4- 戈 -3-3	9	3	

（续表）

序号	名称	价值	块数	累计块数
4	黑A-镜-4-1	4	1	10
5	红J-釜-4-5	20	5	15
6	红4-戈-3-3	9	3	18
7	黑7-盤-3-4	12	4	22
8	红2-铃-2-2	4	2	24
9	红A-灯-6-1	6	1	25
10	红Q-盈-5-5	25	5	30
11	红C-篚-7-5	35	5	35
12	黑O-尊-7-6	42	6	41
13	红C-篚-7-5	35	5	46
14	-			

（18）回合五步骤二，堆叠情况如图4-7所示。

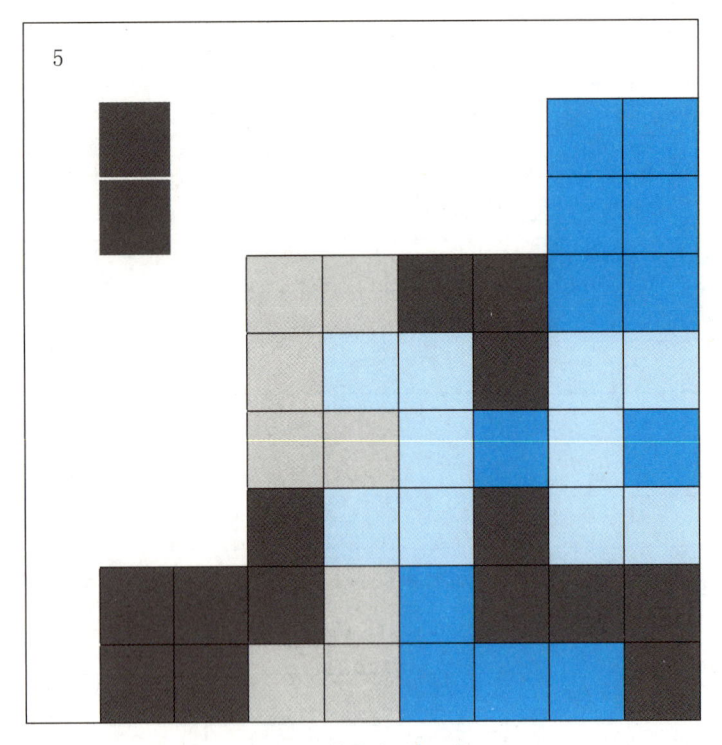

图4-7 堆叠（回合五）

（19）回合五步骤三，出牌情况见表4-16。

表 4-16　　　　　　　　　　　　　出牌（回合五）

序号	名称	价值	块数
1	红 2- 铃 -2-2	4	2
2	红 4- 戈 -3-3	9	3
3	红 4- 戈 -3-3	9	3
4	红 A- 灯 -6-1	6	1
5	红 C- 篙 -7-5	35	5
6	红 C- 篙 -7-5	35	5
7	红 C- 篙 -7-5	35	5
8	红 J- 釜 -4-5	20	5
9	红 Q- 盨 -5-5	25	5
总件数	9		
总块数	34		
总价值	178		

（20）回合五步骤四，余牌情况见表 4-17。

表 4-17　　　　　　　　　　　　　余牌（回合五）

序号	名称	价值	块数
1	黑 7- 盤 -3-4	12	4
2	黑 A- 镜 -4-1	4	1
3	黑 O- 尊 -7-6	42	6
4	红 A- 灯 -6-1	6	1
件数（黑）	3	58	11
件数（红）	1	6	1
总块数	12		
总价值	64		

（21）回合六步骤一，要牌情况见表 4-18。

表 4-18　　　　　　　　　　　　　要牌（回合六）

序号	名称	价值	块数	累计块数
1	黑 7- 盤 -3-4	12	4	
2	黑 A- 镜 -4-1	4	1	

（续表）

序号	名称	价值	块数	累计块数
3	黑 O- 尊 -7-6	42	6	
4	红 A- 灯 -6-1	6	1	12
5	黑 3- 矛 -4-3	12	3	15
6	红 6- 盆 -2-4	8	4	19
7	黑 2- 钟 -7-2	14	2	21
8	黑 8- 缶 -3-4	12	4	25
9	黑 5- 匝 -4-4	16	4	29
10	红 C- 篙 -7-5	35	5	34
11	黑 3- 矛 -4-3	12	3	37
12	黑 H- 卣 -5-6	30	6	43
13				
14	-			

（22）回合六步骤二，堆叠情况如图 4-8 所示。

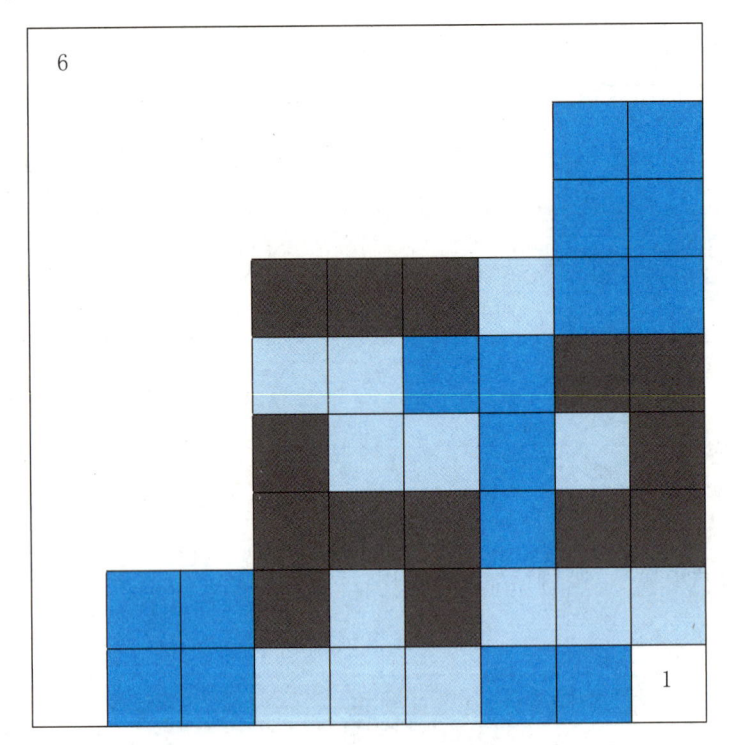

图 4-8 堆叠（回合六）

（23）回合六步骤三，出牌情况见表 4-19。

表 4-19　　　　　　　　　　出牌（回合六）

序号	名称	价值	块数
1	黑 O- 尊 -7-6	42	6
2	黑 H- 卣 -5-6	30	6
3	黑 A- 镜 -4-1	4	1
4	黑 8- 缶 -3-4	12	4
5	黑 7- 盘 -3-4	12	4
6	黑 5- 匜 -4-4	16	4
7	黑 3- 矛 -4-3	12	3
8	黑 3- 矛 -4-3	12	3
9	黑 2- 钟 -7-2	14	2
总件数	9		
总块数	33		
总价值	154		

（24）回合六步骤四，余牌情况见表 4-20。

表 4-20　　　　　　　　　　余牌（回合六）

序号	名称	价值	块数
1	红 C- 篚 -7-5	35	5
2	红 A- 灯 -6-1	6	1
3	红 6- 盆 -2-4	8	4
件数（黑）			
件数（红）	3		
总块数	10		
总价值	49		

（25）最终积分：

全部块数 189，全部件数 48，全部价值 892。

折合积分等于三项相加，为 1129。

实训模块 2 — 天成

一、实训准备

1. 适应场景：布局 / 生产 / 销售 / 运输等经营过程。
2. 对局角色：玩家数不限，裁判一人（可选）。
3. 准备材料：布局图 1 张；器物牌 40 种，总数与玩家数相匹配。

（1）布局（图 4-9）。
（2）仓库、车辆、设备、工艺见表 4-21。
（3）器物牌见表 4-1。

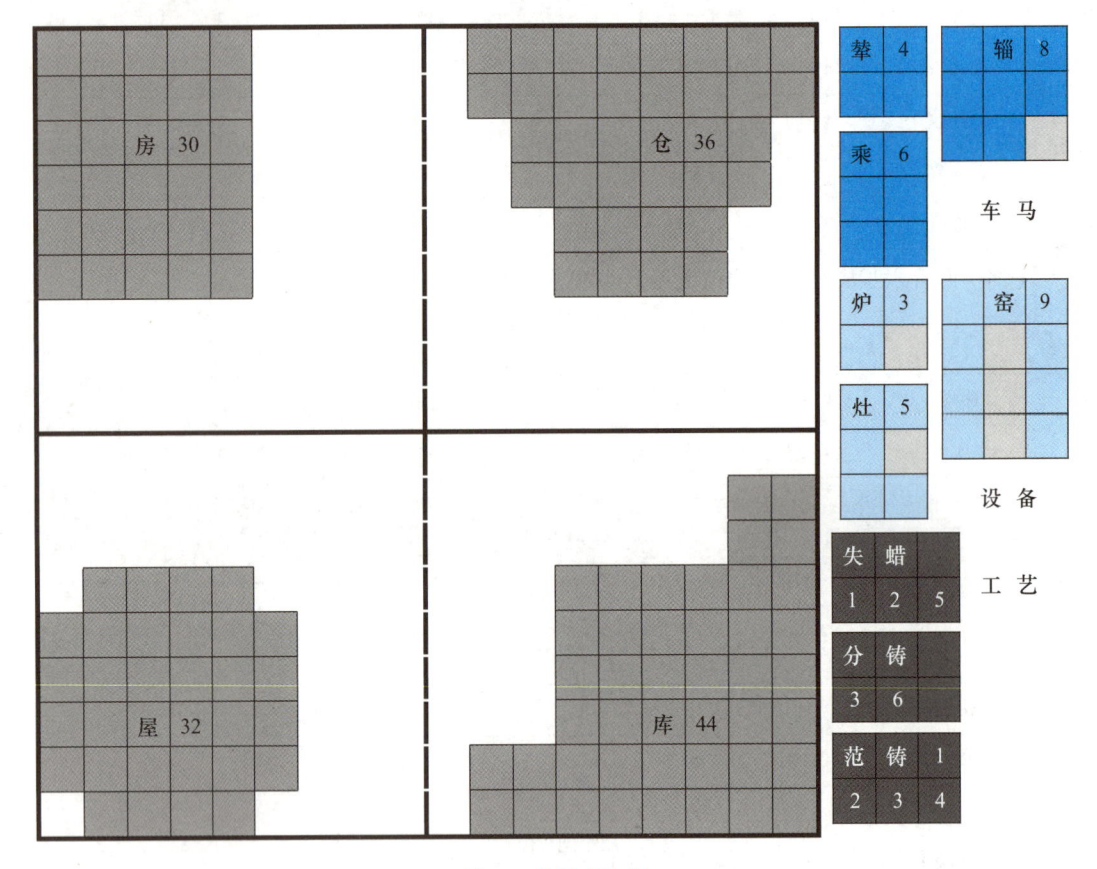

图 4-9 布局（天成）

表 4-21　　　　　　　　　　　设施（天成）

约束＼类型	房	屋	仓	库
租赁价格	30/ 回合	32/ 回合	36/ 回合	44/ 回合
能力限制	30 格	32 格	36 格	44 格

(续表)

数量限制	至多 1 间		
使用限制	产品堆放（可旋转，保证堆叠轮廓）		
	辇	乘	辎
租赁价格	4/ 回合	6/ 回合	8/ 回合
能力限制	4 格	6 格	8 格
数量限制	至多 3 辆，可相同		
使用限制	数量（不用考虑堆叠轮廓）		
	炉	灶	窑
租赁价格	3k/ 回合	5k/ 回合	9k/ 回合
能力限制	2 个	3 个	5 个
数量限制	至多 2 套，不可相同		
使用限制	工艺限制		
	失蜡	分铸	范铸
工艺参数 k	8	9	10
产品种类	1 杂、2 乐、5 食	3 兵、6 酒	1 杂、2 乐、3 兵、4 水
种类/名称/物品参数		种类/名称/物品参数		种类/名称/物品参数	
---	---	---	---	---	---
A 杂器	1 镜 4	1 灯 6	9 食器	5 匕 3	5 豆 2	D 酒器	6 勺 3	6 卮 2
2 乐器	2 钟 7	2 铃 2	10 食器	5 甗 5	5 鼎 9	F 酒器	6 斝 4	6 盉 5
3 兵器	3 矛 4	3 剑 7	J 食器	5 俎 3	5 釜 4	H 酒器	6 卣 5	6 瓿 6
4 兵器	3 钺 5	3 戈 3	Q 食器	5 敦 4	5 盨 5	O 酒器	6 尊 7	6 罍 4
5 水器	4 匜 4	4 斗 2	K 食器	5 甑 5	5 鬲 6	P 酒器	6 觯 5	6 觚 4
6 水器	4 盂 3	4 盆 2	C 食器	5 簠 5	5 簋 7	Y 酒器	6 角 6	6 爵 8
7 水器	4 盘 3	4 鋚 1						
8 水器	4 缶 3	4 鉴 4						

注：灰底数字为块数

二、规则讲解

1. 确定流程

每一回合包括布局、选单、安排、交货、进货、存放、出货、结算八个阶段。

流程开始前，确定回合数和胜负判定依据，以及公布流程所需所有参数。

（1）布局。形式上为玩家在布局图上规划系统构成情况，须符合以下规则：

库房选择。从"房""屋""仓""库"中任选一间租赁；在本回合内须支付对应的租赁费用，使用过程中须满足库容限制。

车马选择。从"辇""乘""辐"中至多选择三辆租赁；可种类相同；在本回合内须支付对应的租赁费用，使用过程中须满足车马能力并支付车马费用。

设备选择。从"炉""灶""窑"中至多选择两套租赁；不可种类相同；在本回合内设备选择须与工艺选择同时完成；须支付对应的租赁费用，使用过程中须满足设备能力和工艺限制。

工艺选择。设备选择的同时须指定唯一的工艺；可种类相同。

布局费用。任一回合单独支付，"房""屋""仓""库"每间分别为30、32、36、44，"辇""乘""辐"每辆分别为4、6、8，"炉""灶""窑"分别为$3k$、$5k$、$9k$，"失蜡""分铸""范铸"的k值分别为8、9、10，（若选择炉-失蜡，则租赁费用为24）；从当前积分中扣除。

场地限制。选择的车马、设备应能置于所选库房周围的空白网格中。

布局检查。玩家在表格上记录本回合的布局状况。

（2）选单。形式上为玩家从牌堆抓取若干张"器物牌"作为订单，选单须符合以下规则：

选单顺序。随机确定一个玩家先选单，其后玩家按逆时针方向顺序轮流选单。

选单数量。玩家每次抓取一张"器物牌"置于手中，可以根据手中"器物牌"牌面总块数的状况，主动停止选单。

选单上限。任一玩家至多抓取十四张"器物牌"。

选单检查。玩家在表格上记录本回合的选单状况。

（3）安排。形式上为玩家将所选订单分配给各设备加工，安排须符合以下规则：

设备要求。为某一设备安排的订单数量，不得超过该设备的能力限制。

工艺要求。为某一设备安排的订单种类，不得超过该设备所指定的工艺限制。

生产收入。设备上安排妥当的所有订单，按价值计入当前积分。

器物弃置。未能安排的订单，视为无效订单，置入弃牌牌堆。

安排检查。玩家记录本回合的安排状况。

（4）交货。形式上为玩家将在设备上安排加工好的所有"器物牌"用车马移出场地，获得积分，交货须符合以下规则：

交货顺序。玩家各自出牌。

全部交货。未能安排车马的"器物牌"视为弃置，扣除相应的生产收入。

车马要求。以某一车马移出的"器物牌"块数，不得超出该车马的能力限制。

车马修整。本次交货开始时，车马使用次数清零。

车马费用。任一车马第N次使用费用=$N \times$ 能力限制。

交货费用。所有车马费用累计，从当前积分中扣除。

交货检查。玩家记录本回合的交货状况。

（5）进货。形式上为玩家从牌堆抓取若干张"器物牌"作为商品，进货须符合以下规则：

进货顺序。随机确定一个玩家先进货，其后玩家逆时针顺序轮流进货。

进货轮数。玩家至多进货三轮，进货轮次之间可以主动停止进货。

进货数量。各轮次玩家分别抓取四张/三张/两张"器物牌"置于手中，进货轮次之中不能停止进货。

库容限制。"器物牌"的总块数等于或大于库容限制，则不允许再进行下一轮进货。

进货费用。所有抓取"器物牌"的数量×进货系数，从当前积分中扣除。

进货检查。玩家记录本回合的进货状况。

（6）存放。形式上为玩家将手中所有"器物牌"以合理的堆叠方式置于库房网格内，存放须符合以下规则：

合理放置。允许将"器物牌"旋转、翻转，必须保证不超出库房轮廓。

无处安放。未存放库中的"器物牌"须弃置。

存放费用。存放库中的"器物牌"总块数×存放系数，从当前积分中扣除。

存放检查。玩家记录本回合的存放状况。

（7）出货。形式上为玩家将在库房里存放好的所有"器物牌"用车马移出场地，获得积分，出货须符合以下规则：

出货顺序。玩家各自出货。

全部出货。未能安排车马的"器物牌"视为弃置，不计入销售收入。

车马要求。以某一车马移出的"器物牌"块数，不得超出该车马的能力限制。

车马修整。出货开始时，车马使用次数清零。

车马费用。任一车马第N次使用费用=N×能力限制。

出货费用。所有车马费用累计，从当前积分中扣除。

销售收入。库房中合理放置并以车马移出场地的所有"器物牌"，按价值计入当前积分。

出货检查。玩家记录本回合的出货状况。

（8）结算。出货之后，玩家进行本回合的积分结算，结算须符合以下规则：

收支核验：当前金数＝初始金数－租赁费用＋生产收入－交货费用－购买费用－存放费用＋销售收入－出货费用。

2. 裁决

（1）遇有下列情况，裁判予以玩家强制结束或扣除积分惩罚：

布局错误。出现库房、车马、设备、选择错误等情况的玩家，当时予以制止或更正；若进行到后续步骤时发现的，当前回合强制其结束，计0分。

选单错误。出现多选单、错选单等情况的玩家，当时予以制止或更正；若进行到后续步骤时发现的，当前回合强制其结束，计0分。

安排错误。出现超出设备能力、工艺限制等情况的玩家，当时予以制止或更正；若进行到后续步骤时发现的，当前回合强制其结束，计0分。

交货错误。出现超出车马能力等情况的玩家，当时予以制止或更正；若进行到后续步骤时发现的，当前回合强制其结束，计0分。

进货错误。出现多进货、错进货等情况的玩家，当时予以制止或更正；若进行到后续步骤时发现的，当前回合强制其结束，计0分。

存放错误。出现堆叠超出库房轮廓等情况的玩家，当时予以制止或更正；若进行到后续步骤时发现的，当前回合强制其结束，计0分。

出货错误。出现超出车马能力等情况的玩家，当时予以制止或更正；进行到后续步骤时发现的，当前回合强制其结束，计0分。

影响进程。回合内同种错误重复出现、计算超时，当前回合强制其结束，计 0 分；存在影响其他玩家出牌的行为，视情节严重，可扣减一定数量的当前积分。

（2）胜负。多人游戏时，可根据积分多少来排列玩家名次；积分相同的情形，第一回合初始金数少的玩家名次靠前。

3. 记录

可根据需要选用图 4-10 辅助计算和统计。

年度		学号		姓名	
第　　回合				初始金数	
仓库名称		设备		工艺	
车马数量		车马数量			
仓库租金		仓库租金		设备租金	
生产				当前金数	
生产详情					
生产收入		交货费用		当前金数	
销售				进货费用	
进货详情					
存放费用		出货费用		销售收入	
布局详情			存放详情		
核				当前金数	

图 4-10　记录（天成）

4. 补充规则

（1）对局总数。事先确定，或以累计得分判定最终胜负。

（2）相同状态。将玩家面临的初始状态、每一回合的任务参数均设置为相同，以此取得的积分具有可比性。

（3）市场繁荣。无须选单环节，安排并交货的所有产品都计入生产收入。

（4）超限进货。进货时一件件选取"器物牌"，允许超出库房容量一定程度，全部进货计入购买费用；能够存放并出货的"器物牌"计入销售收入。

（5）竞价购买。多玩家时，提供适当数量的进货组合，每一轮按出价高低顺序选择；出价记为竞价费用；可对竞价费用进行限制。

（6）储存产品。允许在库房中存放本回合没有出货的产品，计算库存费用；在后续回合匹配订单并交货后，计入生产收入，若无法匹配订单，须弃置。

（7）奇货可居。每一回合确定一种产品为市场紧缺，价值系数更高。

（8）其他情况。无裁判、出现上述规则及约定未提及的情形，需双方重新商定，确保公平性和可行性。

三、进程实例

1. 实例二：天成（两回合）

第一回合黑色产品价值 ×4，红色产品价值 ×3。

（1）回合一步骤一，构成情况见表4-22。

表 4-22　　　　　　　　　　　　构成（回合一）

种类	选择	能力 - 限制	租赁价格
仓库	仓	36块	36
车马	乘/乘/辎	6/6/8块	20
设备 - 工艺	灶 - 失蜡	5件 -1/2/5块	40
设备 - 工艺	窑 - 分铸	9件 -3/6格	81

（2）回合一步骤二，布局情况如图 4-11 所示。

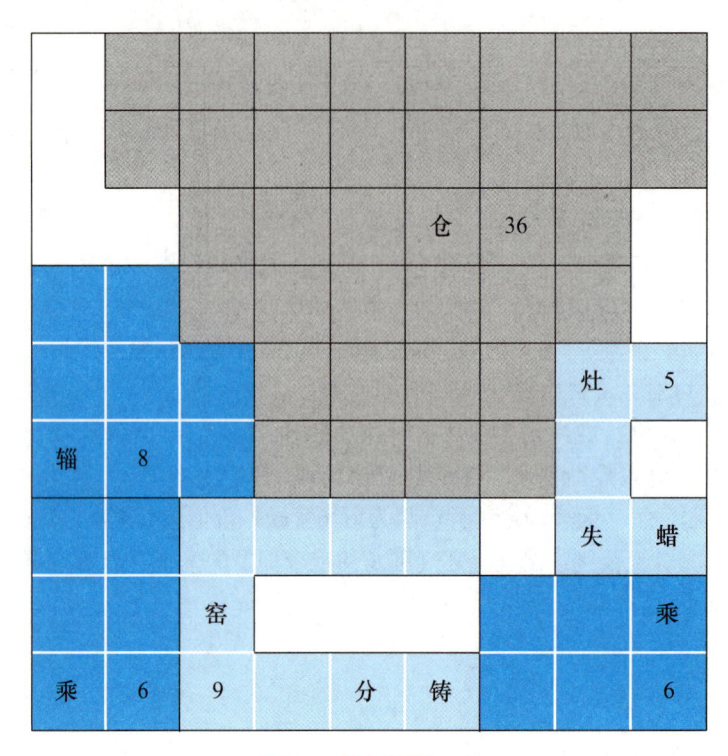

图 4-11 布局（回合一）

（3）回合一步骤三，选单情况见表 4-23。

表 4-23　　　　　　　　　选单（回合一）

序号	名称	价值	块数	指派设备
1	黑 3- 矛 -4-3	48	3	窑 - 分铸
2	黑 A- 镜 -4-1	16	1	灶 - 失蜡
3	黑 5- 匜 -4-4	64	4	×
4	黑 0- 甗 -5-5	100	5	灶 - 失蜡
5	黑 H- 卣 -5-6	120	6	窑 - 分铸
6	黑 2- 钟 -7-2	56	2	灶 - 失蜡
7	黑 D- 勺 -3-6	72	6	窑 - 分铸
8	黑 0- 甗 -5-5	100	5	灶 - 失蜡
9	红 Y- 爵 -8-6	144	6	窑 - 分铸
10	黑 Y- 角 -6-6	144	6	窑 - 分铸
11	黑 C- 簋 -5-5	100	5	灶 - 失蜡
12	红 8- 鉴 -4-4	48	4	×
13	黑 4- 钺 -5-3	60	3	窑 - 分铸
14	红 6- 盆 -2-4	24	4	×

（4）回合一步骤四，安排情况见表4-24。

表4-24　　　　　　　　　　　　安排（回合一）

序号	名称	价值	块数	指派设备
1	黑Y-角-6-6	144	6	窑-分铸
2	黑H-卣-5-6	120	6	窑-分铸
3	黑3-矛-4-3	48	3	窑-分铸
4	黑4-钺-5-3	60	3	窑-分铸
5	红Y-爵-8-6	144	6	窑-分铸
6	黑D-勺-3-6	72	6	窑-分铸
统计		588	30	
7	黑0-甑-5-5	100	5	灶-失蜡
8	黑0-甑-5-5	100	5	灶-失蜡
9	黑C-簋-5-5	100	5	灶-失蜡
10	黑A-镜-4-1	16	1	灶-失蜡
11	黑2-钟-7-2	56	2	灶-失蜡
统计		372	18	

（5）回合一步骤五，交货情况见表4-25。

表4-25　　　　　　　　　　　　交货（回合一）

序号	1次	2次	3次	运费
运价	8	16	24	
辎	黑Y-角-6-6	红Y-爵-8-6		24
运价	6	12	18	
乘	黑C-簋-5-5 黑3-矛-4-3	黑0-甑-5-5 黑A-镜-4-1 黑2-钟-7-2	黑0-甑-5-5 黑4-钺-5-3	36
乘	黑D-勺-3-6	黑H-卣-5-6		36
统计				84

（6）回合一步骤六，进货情况见表4-26。

表4-26　　　　　　　　　　　　进货（回合一）

序号	名称	价值	块数	累计块数
1	黑J-俎-3-5	60	5	5

（续表）

序号	名称	价值	块数	累计块数
2	黑A-镜-4-1	16	1	6
3	黑6-盉-3-4	48	4	10
4	红C-篮-7-5	105	5	15
5	黑Q-敦-4-5	80	5	20
6	红4-戈-3-3	27	3	23
7	黑2-钟-7-2	56	2	25
8	黑F-罪-4-6	96	6	31
9	黑3-矛-4-3	48	3	34
件数（黑）	7	404	26	
件数（红）	2	132	8	
总块数	34			
总价值	536			

（7）回合一步骤七，堆叠情况如图4-12所示。

进货系数为9，存放系数为3，小计见表4-27。

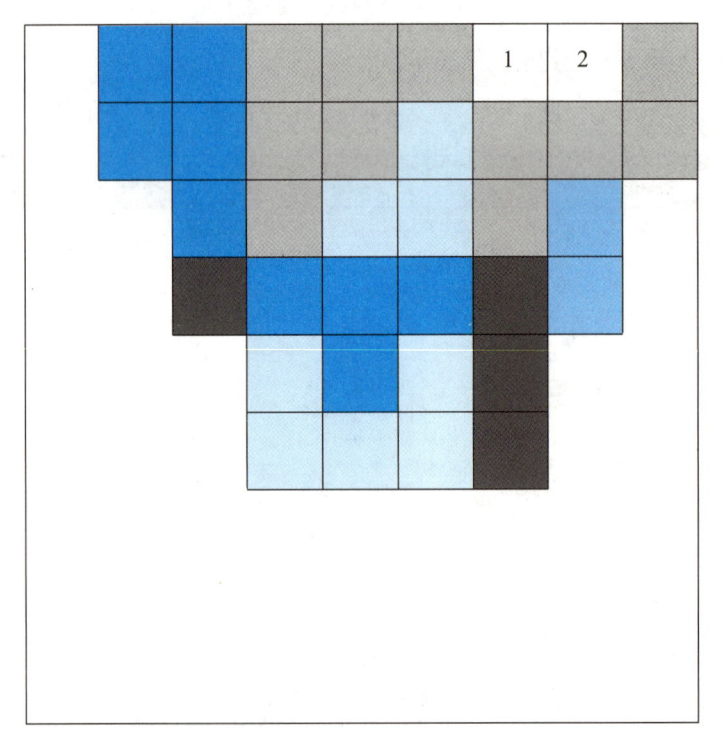

图4-12 堆叠（回合一）

表 4-27　　　　　　　　　　　　　　　小计

进货系数	进货件数	进货费用	存放系数	存放块数	存放费用
9	9	81	3	34	102

（8）回合一步骤八，运货情况见表 4-28。

表 4-28　　　　　　　　　　　　　　　运货（回合一）

序号	辀	单次运价	乘之一	乘之二	单次运价
1 次	黑 Q- 敦 -4-5 红 4- 戈 -3-3	8	黑 A- 镜 -4-1 黑 J- 俎 -3-5	黑 F- 罨 -4-6	6
2 次	黑 3- 矛 -4-3 红 C- 篁 -7-5	16	黑 2- 钟 -7-2 黑 6- 盂 -3-4		12
运费		24			24

（9）回合一步骤九，最终积分见表 4-29。

表 4-29　　　　　　　　　　　　　　　积分（回合一）

阶段	类别	积分
回合初	初始金数	5 000
布局	布局费用	177
生产	生产收入	960
	交货费用	84
	收入小结	699
生产	进货费用	81
	存放费用	102
	销售收入	536
	出货费用	48
	收入小结	305
回合末	回合盈利	1 004
	当前金数	6 004

第二回合黑色产品价值 ×3，红色产品价值 ×4。

（1）回合二步骤一，构成情况见表 4-30。

表 4-30　　　　　　　　　　　　　构成（回合二）

种类	选择	能力/限制	租赁价格
仓库	仓	36 块	36
车马	乘/乘/辐	6/6/8 块	20
设备/工艺	灶-失蜡	5件-1/2/5块	40
设备/工艺	窑-分铸	9件-3/6格	81

（2）回合二步骤二，布局情况如图 4-13 所示。

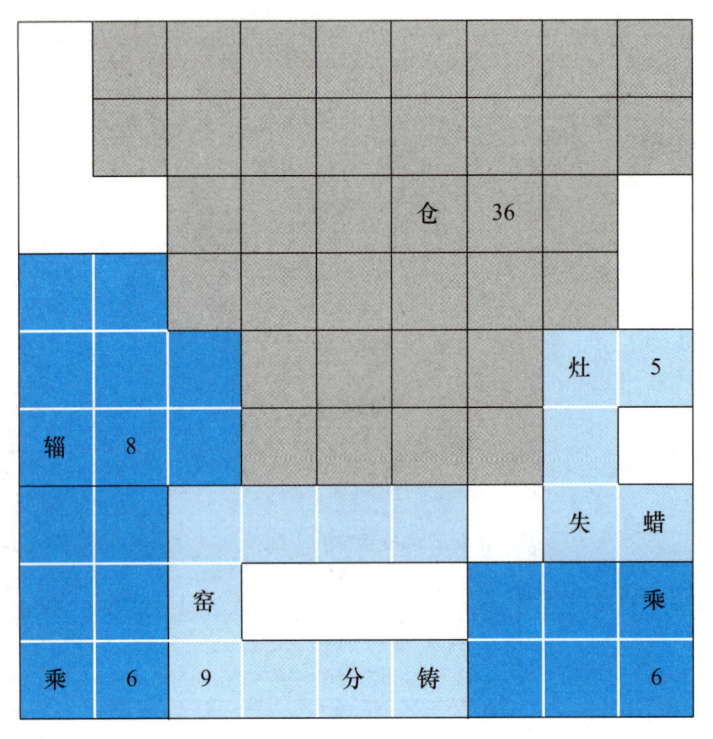

图 4-13　布局（回合二）

（3）回合二步骤三，选单情况见表 4-31。

表 4-31　　　　　　　　　　　　　选单（回合二）

序号	名称	价值	块数	指派设备
1	红 F-盉-5-6	120	6	窑-分铸
2	黑 6-盉-3-4	36	4	×
3	黑 Q-敦-4-5	60	5	灶-失蜡

(续表)

序号	名称	价值	块数	指派设备
4	黑2-钟-7-2	42	2	灶-失蜡
5	红6-盆-2-4	32	4	×
6	黑J-俎-3-5	45	5	×
7	红6-盆-2-4	32	4	×
8	红H-瓿-6-6	144	6	窑-分铸
9	红A-灯-6-1	24	1	灶-失蜡
10	红0-鼎-9-5	180	5	灶-失蜡
11	黑0-甑-5-5	75	5	灶-失蜡
12	黑4-钺-5-3	45	3	窑-分铸
13	红7-盉-1-4	16	4	×
14	黑P-斛-5-6	90	6	窑-分铸

（4）回合二步骤四，安排情况见表4-32。

表4-32　　　　　　　　　　安排（回合二）

序号	名称	价值	块数	指派设备
1	红H-瓿-6-6	144	6	窑-分铸
2	红F-盉-5-6	120	6	窑-分铸
3	黑P-斛-5-6	90	6	窑-分铸
4	黑4-钺-5-3	45	3	窑-分铸
统计		399	21	
5	红0-鼎-9-5	180	5	灶-失蜡
6	黑Q-敦-4-5	60	5	灶-失蜡
7	黑0-甑-5-5	75	5	灶-失蜡
8	红A-灯-6-1	24	1	灶-失蜡
9	黑2-钟-7-2	42	2	灶-失蜡
统计		381	18	

（5）回合二步骤五，交货情况见表 4-33。

表 4-33　　　　　　　　　　　　　　交货（回合二）

序号	辑	单次运价	乘之一	乘之二	单次运价
1次	红 0- 鼎 -9-5 红 A- 灯 -6-1 黑 2- 钟 -7-2	8	红 H- 瓿 -6-6	红 F- 盉 -5-6	6
2次	黑 Q- 敦 -4-5 黑 4- 钺 -5-3	16	黑 P- 觯 -5-6	黑 0- 甑 -5-5	12
运费		24			36

（6）回合二步骤六，进货情况见表 4-34。

表 4-34　　　　　　　　　　　　　　进货（回合二）

序号	名称	价值	块数	累计块数
1	红 5- 斗 -2-4	32	4	
2	红 0- 鼎 -9-5	180	5	
3	黑 3- 矛 -4-3	36	3	
4	红 F- 盉 -5-6	120	6	
5	红 8- 鉴 -4-4	64	4	
6	黑 4- 钺 -5-3	45	3	
7	红 6- 盆 -2-4	32	4	
8	红 A- 灯 -6-1	24	1	
9	黑 2- 钟 -7-2	42	2	
件数（黑）	3	123	8	
件数（红）	6	452	24	

（7）回合一步骤七，堆叠情况如图 4-14 所示。

仓储系数为 3，小计见表 4-35。

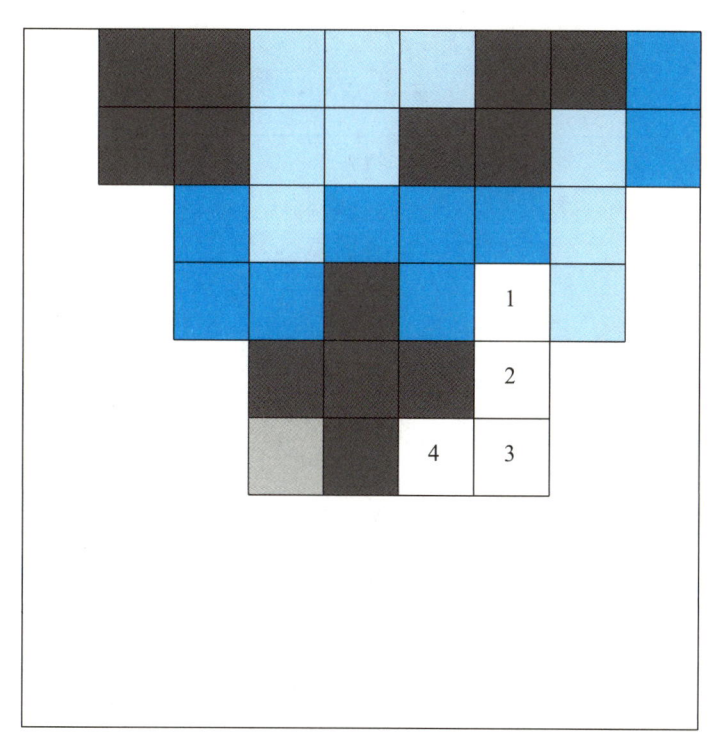

图 4-14 堆叠（回合二）

表 4-35 小计（回合二）

进货系数	进货件数	进货费用	存放系数	存放块数	存放费用
10	9	90	3	23	96

（8）回合二步骤八，运货情况见表 4-36。

表 4-36 运货（回合二）

序号	辐	单次运价	乘之一	乘之二	单次运价
1次	红 0- 鼎 -9-5 黑 3- 矛 -4-3	8	红 5- 斗 -2-4 黑 2- 钟 -7-2	红 F- 盉 -5-6	6
2次	黑 4- 钺 -5-3 红 6- 盆 -2-4	16	红 8- 鉴 -4-4 红 A- 灯 -6-1		12
运费		24			24

（9）回合二步骤九，最终积分见表4-37。

表4-37　　　　　　　　　积分（回合二）

阶段	类别	积分
回合初	初始金数	6 004
布局	布局费用	177
生产	生产收入	780
生产	交货费用	60
生产	收入小结	543
仓储	进货费用	90
仓储	存放费用	96
仓储	销售收入	575
仓储	出货费用	48
仓储	收入小结	341
回合末	回合盈利	884
回合末	当前金数	6 888

实训模块 3　匠心

一、实训准备

1. 适应场景：生产/物流等经营过程。
2. 对局角色：玩家数不限，裁判一人（可选）。
3. 准备材料：布局图1张；产品牌12种，原料牌7种，总数与玩家数相匹配。

（1）布局如图4-15所示。

（2）产品见表4-38。

（3）产品详情见表4-39。

（4）原料见表4-40。

（5）原料详情见表4-41。

（6）工艺路线如图4-16所示。

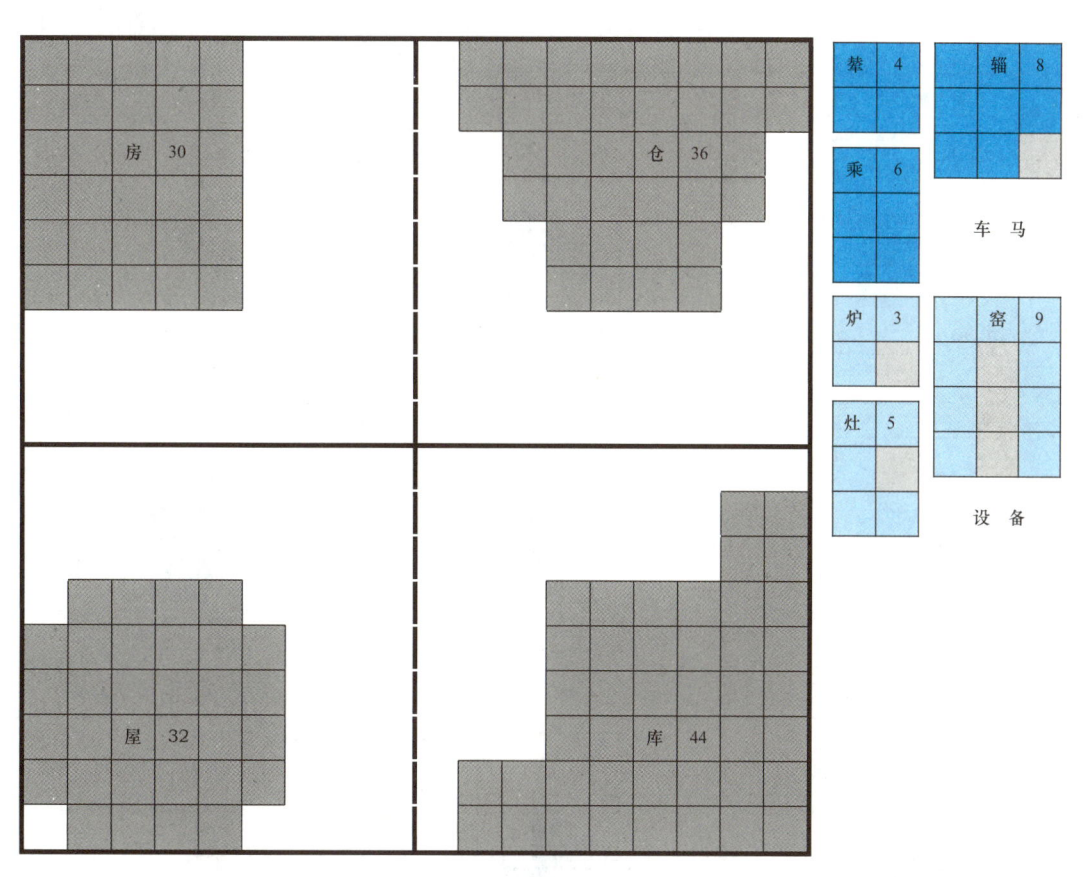

图 4-15 布局（匠心）

表 4-38　　　　　　　　　产品（匠心）

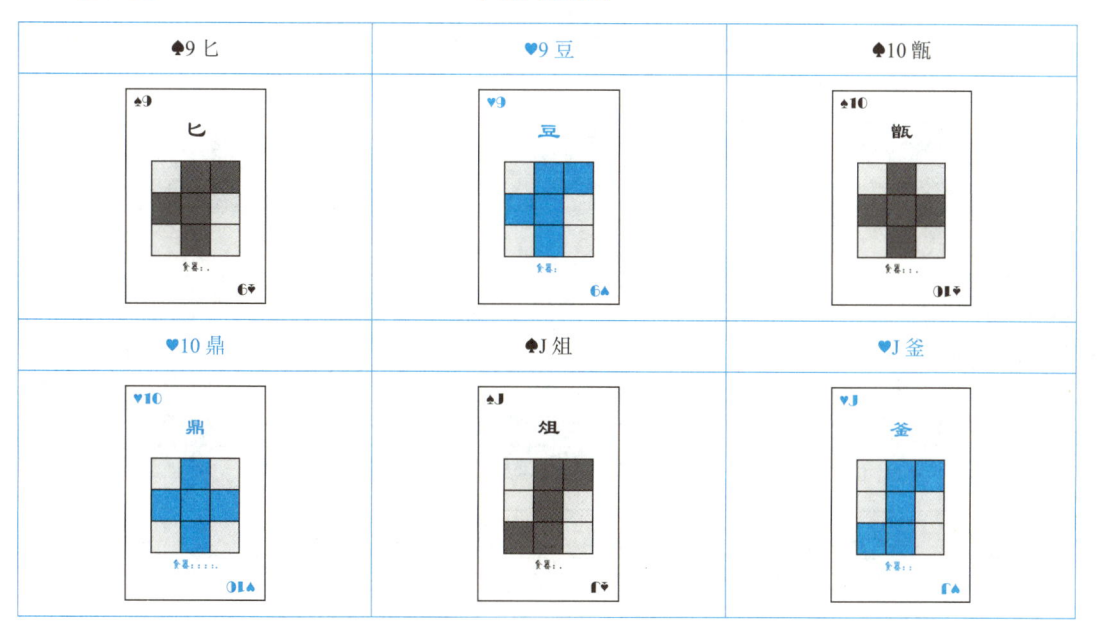

♠9 匕	♥9 豆	♠10 甑
♥10 鼎	♠J 俎	♥J 釜

实验 4　生产经营

161

（续表）

♠Q 敦	♥Q 孟	♠K 瓿
♥K 鬲	♠C 簋	♥C 簋
♠D 勺	♥D 卮	♠F 罍
♥F 盉	♠H 卣	♥H 瓿
♠O 尊	♥O 罍	♠P 斛

162

(续表)

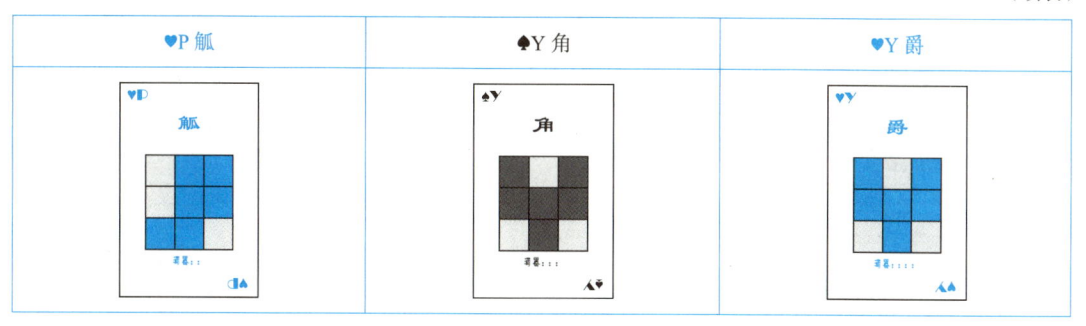

♥P 瓡	♠Y 角	♥Y 爵

表 4-39　　　　　　　　　　产品详情（匠心）

种类/块数/名称/物品参数			种类/块数/名称/物品参数		
9 食器	5 匕 3	5 豆 2	D 酒器	6 勺 3	6 厄 2
10 食器	5 甑 5	5 鼎 9	F 酒器	6 斝 4	6 盂 5
J 食器	5 俎 3	5 釜 4	H 酒器	6 卣 5	6 瓿 6
Q 食器	5 敦 4	5 盨 5	O 酒器	6 尊 7	6 罍 4
K 食器	5 甗 5	5 鬲 6	P 酒器	6 觯 5	6 瓡 4
C 食器	5 簋 5	5 簠 7	Y 酒器	6 角 6	6 爵 8

价值 = 块数 × 物品参数 × 其他参数
如：Y 酒器 6 爵 8 价值为 6×8=48

表 4-40　　　　　　　　　　原料（匠心）

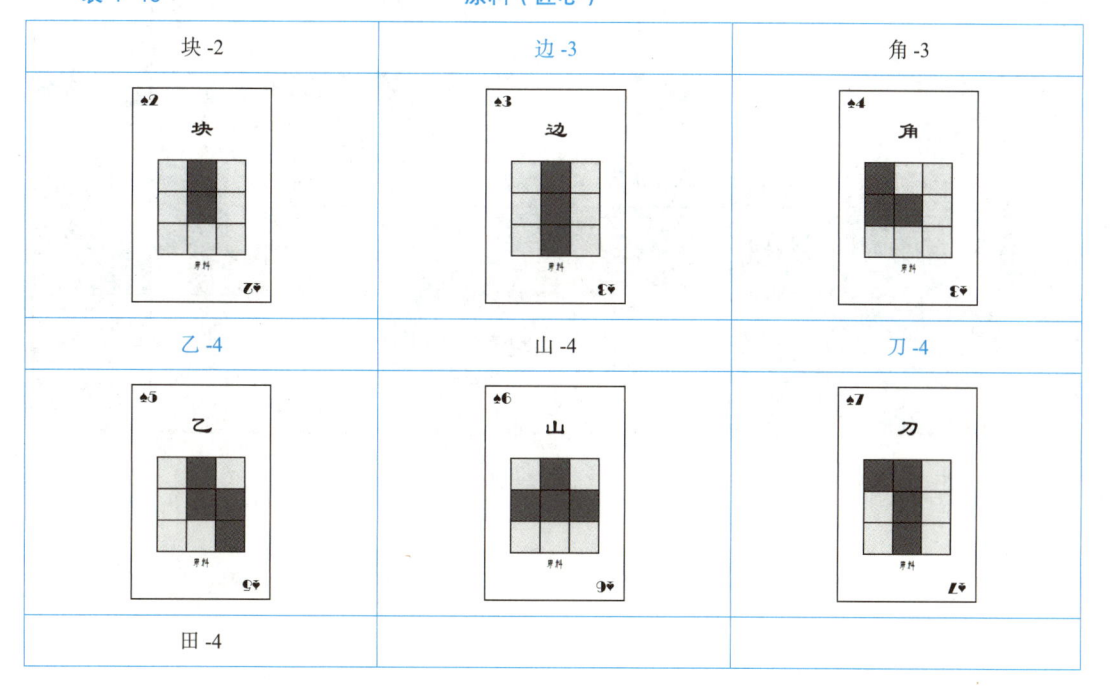

块 -2	边 -3	角 -3
乙 -4	山 -4	刀 -4
田 -4		

163

（续表）

表4-41　　　　　　　　　原料详情（匠心）

名称-块数	名称-块数	名称-块数	名称-块数
块-2	边-3	角-3	
乙-4	山-4	刀-4	田-4

图4-16　工艺路线

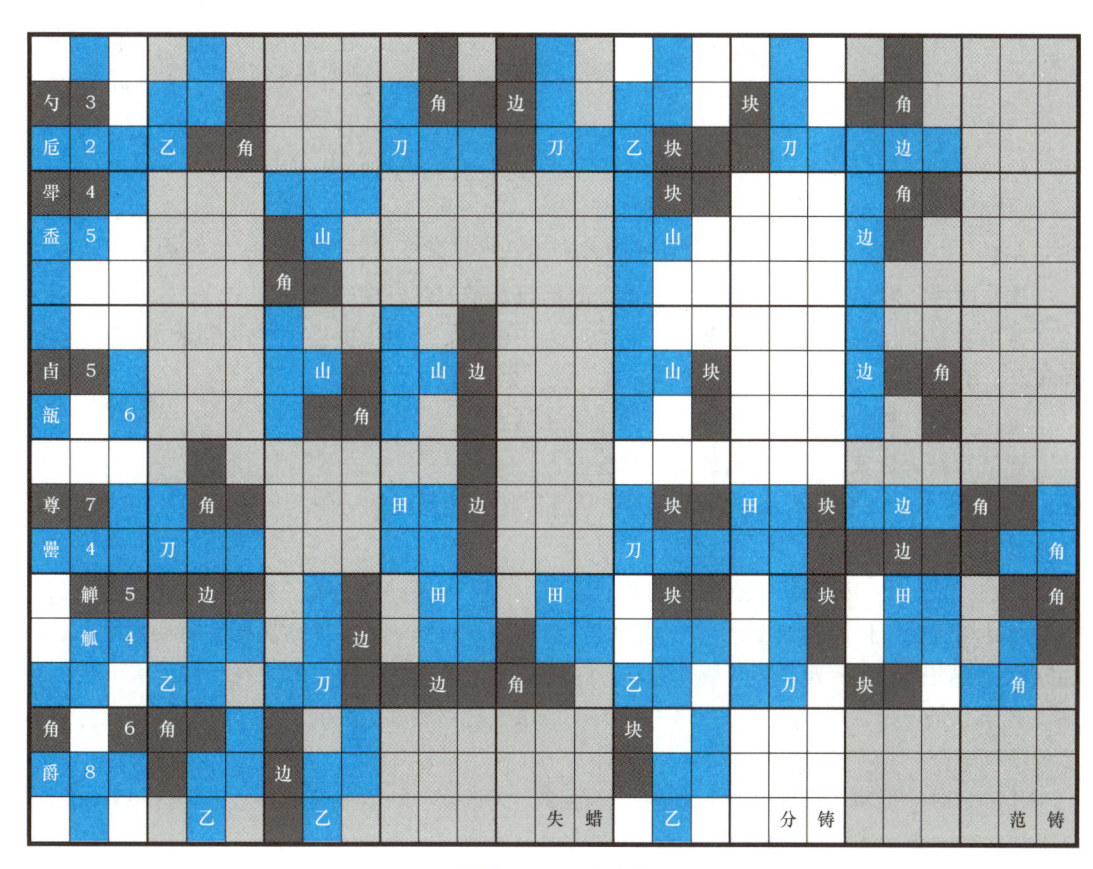

续图 4-16　工艺路线

二、规则讲解

1. 确定流程：每一回合包括布局、选单、供应、安排、交货、结算六个阶段

流程开始前，确定回合数和胜负判定依据，以及公布流程所需所有参数。

（1）布局。形式上为玩家在布局图上规划系统构成情况，须符合以下规则：

库房购置。第一回合，须购置"房""屋""仓""库"，一次性支付对应的购置费用；任一回合，为每一间库房指定"原料库"或"成品库"，使用过程中仅能存放原料或成品，且须满足库容限制；两类库房都至少一间。

车马购置。第一回合，从"辇""乘""辐"中至多选择三辆购买；不可种类完全相同；一次性支付对应的购置费用；任一回合，可再添置一辆，但总数不能超过四辆；使用过程中须满足车马能力并支付车马费用。

设备购置。第一回合，从"炉""灶""窑"中至多选择三套购买；不可种类相同；一次性支付对应的购置费用；任一回合，可再添置一套，但总数不能超过四套；使用过程中须满足设备能力。

工人雇用。每个工人仅能执行唯一的工艺"失蜡""分铸""范铸"；第一回合，至多雇佣三名工人，不可工艺相同；一次性支付对应的佣金；任一回合，可新雇一人，但总数不能超过四人，使用过程中须满足工人工艺限制。

购置费用。一次性单独支付，"房""屋""仓""库"每间分别为300、320、360、440，"辇""乘""辐"每辆分别为40、60、80，"炉""灶""窑"分别为200，300，500，"失蜡""分铸""范铸"的佣金均为40（不同回合，佣金可能变化）；从当前积分中扣除。

场地限制。选择的车马、设备应能置于所选库房周围的空白网格中。

布局检查。玩家记录本回合的布局状况。

（2）选单。形式上为玩家从牌堆抓取若干张"产品牌"，选单须符合以下规则：

选单顺序。随机确定一个玩家先选单，其后玩家逆时针顺序轮流选单。

选单数量。玩家每次抓取一张"产品牌"置于手中，可以根据手中"产品牌"牌面总块数的状况，主动停止选单。

选单上限。任一玩家至多抓取二十四张"产品牌"。

选单检查。玩家记录本回合的选单状况。

（3）供应。形式上为玩家将所选"产品牌"按工艺路线图分解为所需的原料，供应须符合以下规则：

三种工艺。十二种产品可以通过三种工艺（工人）"失蜡""分铸""范铸"加工一天完成，每种产品均需要两件原料加工；其中"失蜡"会损失原料的一块（如六块产品需要四块和三块的原料、五块产品需要四块和两块的原料），"范铸"无法使用四块的原料。

五十二条。十二种产品可以通过共计五十二条工艺路线加工完成，多数产品都可以分解为多种原料组合。

恰到好处。原料供应以选单阶段的"产品牌"为依据，缺少原料将导致某些订单要求的产品无法生产，多购买的原料将在回合末清空。

原料库容。购买原料的总块数不能超过原料库的总容量。

原料费用。购买原料需要支付原料费用，原料费用＝总块数 × 系数＋总件数 × 系数（不同回合，系数可能变化）；从当前积分中扣除。

免费供货。无须考虑原料供货的运费。

供应检查。玩家记录本回合的供应状况。

（4）安排。形式上为玩家将所购买的原料分配给各工人和设备加工，安排须符合以下规则：

两道工序。前道工序由工人对两块原料加工一天完成；后道工序由设备对已完成前道工序的产品继续加工一天完成。

七天时间。任一回合，生产周期为七天。

适可而止。生产应以选单阶段的"产品牌"为依据，订单要求之外的产品不计入生产收入；

工艺要求。为某一工人生产某种产品安排的原料种类，必须符合相应的工艺路线。

工人约束。提前确定"失蜡"工人在七天之内的某一天不加工（如第五天休息）；"分铸"工人七天之内只能加工某一类产品（五块或六块）。

设备要求。为某一设备安排的产品数量，不得超过该设备限制。

设备限制。"灶"必须一次性加工两件产品；"炉"只能一次性加工两件或三件产品；"窑"只能一次性加工三件、四件或五件产品。

生产收入。至第七天末，完成两道工序的订单要求的产品，按价值计入当前积分。

人工费用。工人按工作天数计酬；从当前积分中扣除。

废品弃置。至第七天末，未能安排完成两道工序的产品，将被弃置。

安排检查。玩家记录本回合的安排状况。

（5）交货。形式上为玩家将安排加工好的所有"产品牌"用车马移出场地，获得积分，交货须符合以下规则：

交货顺序。玩家各自出牌。

全部交货。未能安排车马的"产品牌"视为弃置，扣除相应的生产收入。

车马要求。以某一车马移出的"产品牌"件数，不得超出该车马的能力限制。

车马修整。本次交货开始时，车马使用次数清零。

车马费用。任一车马第 N 次使用费用 =N × 能力限制。

运输费用。所有车马费用累计，从当前积分中扣除。

交货检查。玩家记录本回合的交货状况。

（6）结算。交货之后，玩家进行本回合的积分结算，结算须符合以下规则：

收支核验。当前金数 = 初始金数 — 布局费用 — 原料费用 + 生产收入 — 人工费用 — 运输费用。

2. 裁决

（1）遇有下列情况，裁判予以玩家强制结束或扣除积分惩罚：

布局错误。出现库房/车马/设备/选择错误等情况的玩家，当时予以制止或更正；若进行到后续步骤时发现的，当前回合强制其结束，计 0 分。

选单错误。出现多选单、错选单等情况的玩家，当时予以制止或更正；若进行到后续步骤时发现的，当前回合强制其结束，计 0 分。

供应错误。出现超出原料库容等情况的玩家，当时予以制止或更正；若进行到后续步骤时发现的，当前回合强制其结束，计 0 分。

安排错误。出现超出设备能力/工艺限制等情况的玩家，当时予以制止或更正；若进行到后续步骤时发现的，当前回合强制其结束，计 0 分。

交货错误。出现超出车马能力等情况的玩家，当时予以制止或更正；若进行到后续步骤时发现的，当前回合强制其结束，计 0 分。

影响进程。回合内同种错误重复出现、计算超时，当前回合强制其结束，计 0 分；存在影响其他玩家出牌的行为，视情节严重，可扣减一定数量的当前积分。

（2）胜负。多人游戏时，可根据积分多少来排列玩家名次；积分相同的情形，第一回合初始金数少的玩家名次靠前。

3. 记录

可根据需要选用图 4-17 辅助玩家计算和统计。

年度			学号			姓名		
周期初记录	花色	黑 红	囤货	9 10 J Q K C D D Y		累计金数		金
仓库[分配]	房 30	原料/成品		件	格	屋 32	原料/成品	件 格
	仓 36	原料/成品		件	格	库 44	原料/成品	件 格
车辆[购置]	辇		辆	乘	辆	辎	辆	购置费用 金

图 4-17（a） 记录（匠心）

设备[购置]	炉	△△△	灶	△△△	窑	△△△	4#	△△△
人员[正式]	失蜡黑红	☆☆☆	分铸	☆☆☆	范铸	☆☆☆	№4	☆☆☆

需求详情	需求名称	订单费用	人员佣金		金	订单费用		金
黑9 匕 35	件	黑10 甑 55	件	黑J 俎 35	件	黑Q 敦 45	件
红9 豆 25	件	红10 鼎 95	件	红J 釜 45	件	红Q 盨 55	件
黑K 瓿 55	件	黑C 簋 55	件	黑D 勺 35	件	黑F 斝 45	件
红K 鬲 65	件	红C 簠 75	件	红D 卮 25	件	红F 盉 55	件
黑H 卤 55	件	黑D 尊 75	件	黑D 鲜 55	件	黑Y 角 65	件
红H 瓯 65	件	红C 罍 45	件	红D 觚 45	件	红Y 爵 85	件

匹配交货	辇	辆	次	金	乘	辆	次	金	辎	辆	次	金

匹配收入	+		金	交货费用		金	累计金数		金
黑9 匕 35	件 运	黑10 甑 55		黑J 俎 35		黑Q 敦 45	
红9 豆 25		红10 鼎 95		红J 釜 45		红Q 盨 55	
黑K 瓿 55		黑C 簋 55		黑D 勺 35		黑F 斝 45	
红K 鬲 65		红C 簠 75		红D 卮 25		红F 盉 55	
黑H 卤 55		黑D 尊 75		黑D 鲜 55		黑Y 角 65	
红H 瓯 65		红C 罍 45		红D 觚 45		红Y 爵 85	

原料库容限制		格	原料名称	原料价格参数	原料费用		金
原料竞价限制		金	竞价花费		金	累计金数		金
已用容量		格	②块	件	③边	件	④角	件
⑤乙		件	⑥山	件	⑦刀	件	⑧田	件

生产(第一周),生产-交货-补料

经营收支 I (第一周)	生产收入	+	金	交货费用	金
人力薪酬		金	原料费用	金	累计金数	金

生产(第二周),生产-交货

经营收支 II (第二周)	生产收入	+	金	交货费用	金
人力薪酬		金			累计金数	金

周期末记录	弃置[原料/成品]					
仓库[分配]	房 30	原料/成品	件 格	屋 32	原料/成品	件 格
	仓 36	原料/成品	件 格	库 44	原料/成品	件 格
设备[使用]	炉累计	次	灶累计	次	窑累计	次	4#累计	次
人员[工作]	失蜡黑红	天	分铸	天	范铸	天	№4	天
周期末记录	花色	黑 红	国货	9 10 J Q K C D F Y	累计金数	金

续图 4-17(a) 记录(匠心)

图4-17（b） 记录（匠心）

交货详情	辇 4		辆	金		乘 6	次		金	辆		次		金	件
经营收支 I	人力薪酬	失蜡	天	件	范铸	天	№4	天	生产收入	+	件	⑤乙	金	辐 8	金
补采原料详情	②块	③边	分铸	件	④角	件	天	件	⑥山			交货费用	⑦刀	件	金	次
补采原料费用	原料名称		采购参数					原料费用						累计金数	⑧田
一周生产小结														累计金数	

续图 4-17（b） 记录（匠心）

需求详情	黑	⑨匕 3	黑	⑩俎 5		⑩敦 4		K 甗 5		C 簠 5		
	红	⑨豆 2	红	⑩鼎 9		⑩簋 5		K 盉 6		C 盨 7		
原料详情	黑	D 勺 3	黑	F 学 4		H 盲 5		D 觯 5		V 角 6		
	红	D 卮 2	红	F 瓿 5		H 瓶 6		D 觚 4		V 爵 8		
名称	名称		名称		名称		名称		名称			
②块	③边		④角		⑤乙		⑥山		⑦刀		⑧田	
作业计划	7/22 天	8/23 天	9/24 天	10/25 天	11/26 天	12/27 天	13/28 天	14/29 天
失蜡 黑/红				X				
分铸 食/酒								
范铸								
№4 炉 2 食/酒								

图 4-17（c） 记录（匠心）

170

续图 4-17（c） 记录（匠心）

4. 补充规则

（1）对局总数。事先确定，或以累计得分判定最终胜负。

（2）相同状态。可以将玩家面临的初始状态、每一回合的任务参数均设置为相同，以此取得的积分具有可比性。

（3）变更库房。允许将所有库房全部用于堆放原料，允许无原料存放的库房用于堆放产品。

（4）原料组合。只能选择含不同种类的原料包，以此购入的原料需要更精细的安排。

（5）囤积原料。允许在原料库中存放本回合没有用于生产的原料，在后续回合使用，计算库存费用。

（6）储存产品。允许在产品库中存放本回合没有交货的产品，计算库存费用；在后续回合匹配订单并交货后，计入生产收入。

（7）市场繁荣。无须选单环节，安排并交货的所有产品都计入收入。

（8）奇货可居。每一回合确定一种产品为市场紧缺，价值系数更高。

（9）价格波动。多玩家时，原料、订单公布指导数量和价格，若原料总需求数量增加/降低至某一比例，则实际成交价格增加/降低某一比例，若订单总完成数量增加/降低至某一比例，则实际成交价格降低/增加某一比例。

（10）其他情况。无裁判、出现上述规则及约定未提及的情形，需双方重新商定，确保公平性和可行性。

三、进程实例

1. 实例三：匠心

本回合黑色产品价值 ×5，红色产品价值 ×3。

（1）回合一步骤一，构成情况见表 4-42。

表 4-42　　　　　　　　　　构成（回合一）

种类	选择	能力/限制	购置价格
仓库	房-原料	30 块	300
	屋-成品	8 件	320
	仓-原料	36 块	360
	库-原料	44 块	440
车马	乘/乘/辒	2/3/3 件	220
设备	炉/灶/窑	2/2-3 /3-4-5 件	1000
个人	失蜡/分铸/范铸	6 天/一种/无	120

（2）回合一步骤二，布局情况如图 4-18 所示。

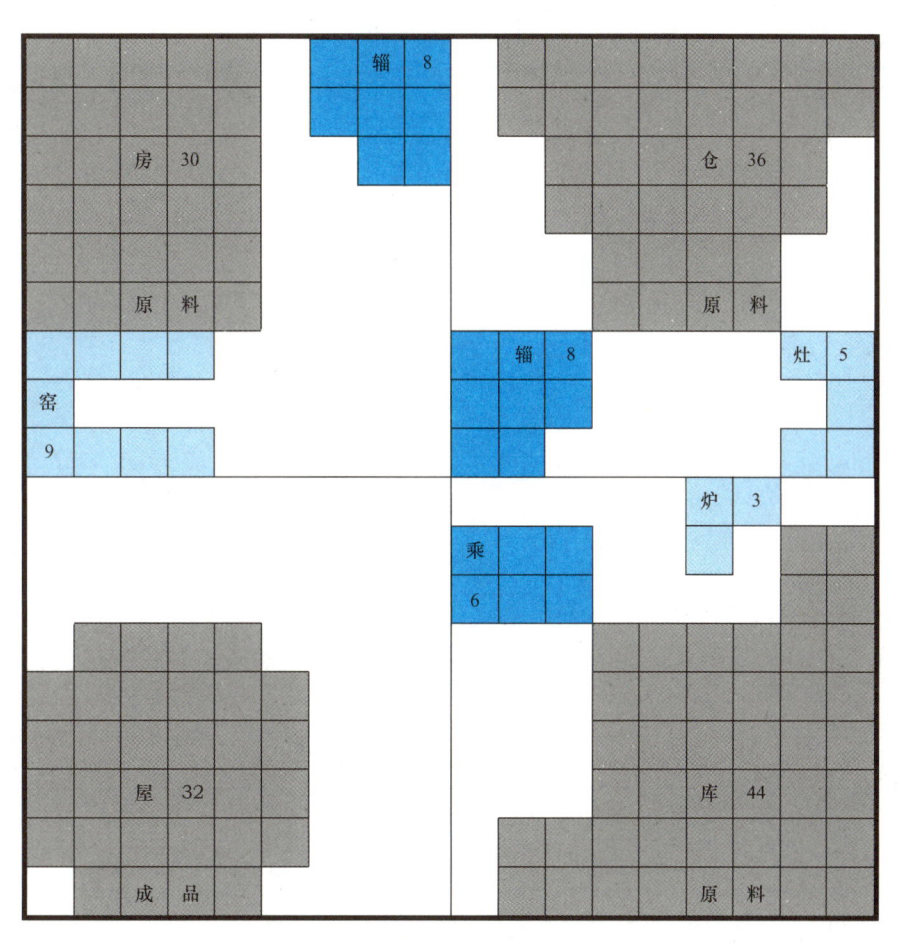

图 4-18 布局（回合一）

（3）回合一步骤三，选单情况见表 4-43（a）。

表 4-43（a）　　　　　　　　送单（回合一）

序号	名称	价值	块数	价值次序
1	红 C- 箃 -7-5	105	5	12
2	红 P- 觚 -4-6	72	6	×
3	黑 H- 卣 -5-6	150	6	2
4	黑 D- 勺 -3-6	90	6	×
5	黑 F- 斝 -4-6	120	6	10
6	红 Y- 爵 -8-6	144	6	7
7	黑 P- 觯 -5-6	150	6	2
8	黑 K- 甗 -5-5	125	5	8

（续表）

序号	名称	价值	块数	价值次序
9	黑 J- 妲 -3-5	75	5	×
10	黑 H- 卣 -5-6	150	6	2
11	红 C- 簋 -7-5	105	5	12
12	红 O- 罍 -4-6	72	6	×
13	红 P- 觚 -4-6	72	6	×
14	黑 F- 斝 -4-6	120	6	10
15	红 C- 簋 -7-5	105	5	12
16	黑 P- 觯 -5-6	150	6	2
17	红 F- 盉 -5-6	90	6	16
18	黑 Y- 角 -6-6	180	6	1
19	红 F- 盉 -5-6	90	6	16
20	黑 P- 觯 -5-6	150	6	2
21	红 J- 釜 -4-5	60	5	×
22	红 9- 豆 -2-5	30	5	×
23	黑 C- 簋 -5-5	125	5	8
24	红 C- 簋 -7-5	105	5	12

筛选后，选择订单见表 4-43（b）。

表 4-43（b）　　　　　　　　　选单（回合一）

序号	名称	价值	块数	原料需求累计
1	黑 Y- 角 -6-6	180	6	6
2	黑 H- 卣 -5-6	150	6	12
3	黑 P- 觯 -5-6	150	6	18
4	黑 P- 觯 -5-6	150	6	24
5	黑 H- 卣 -5-6	150	6	30
6	黑 P- 觯 -5-6	150	6	36
7	红 Y- 爵 -8-6	144	6	42
8	黑 K- 甗 -5-5	125	5	47
9	黑 C- 簋 -5-5	125	5	52
10	黑 F- 斝 -4-6	120	6	58

（续表）

序号	名称	价值	块数	原料需求累计
11	黑 F-罜-4-6	120	6	64
12	红 C-篕-7-5	105	5	69
13	红 C-篕-7-5	105	5	74
14	红 C-篕-7-5	105	5	79
15	红 C-篕-7-5	105	5	84
16	红 F-盉-5-6	90	6	90
17	红 F-盉-5-6	90	6	96
黑	10	1420	58	
红	7	744	38	
总数	17	2164	96	

（4）回合一步骤四，库存匹配：
此时成品库为 0。

（5）回合一步骤五，确定生产任务见表 4-44。

表 4-44　　　　　　　　　任务（回合一）

序号	名称	价值	块数
1	黑 Y-角-6-6	180	6
2	黑 H-卣-5-6	150	6
3	黑 P-觯-5-6	150	6
4	黑 P-觯-5-6	150	6
5	黑 H-卣-5-6	150	6
6	黑 P-觯-5-6	150	6
7	红 Y-爵-8-6	144	6
8	黑 K-甋-5-5	125	5
9	黑 C-篕-5-5	125	5
10	黑 F-罜-4-6	120	6
11	黑 F-罜-4-6	120	6
12	红 C-篕-7-5	105	5
13	红 C-篕-7-5	105	5
14	红 C-篕-7-5	105	5

（续表）

序号	名称	价值	块数
15	红 C- 簋 -7-5	105	5
16	红 F- 盉 -5-6	90	6
17	红 F- 盉 -5-6	90	6
黑	10	1420	58
红	7	744	38
总数	17	2164	96

（6）回合一步骤六，按工艺路线分解生产任务，得到原料需求详情见表 4-45。

表 4–45　原料需求（回合一）

序号	名称	工艺	原料一	原料二
1	黑 Y- 角 -6-6	失蜡	边 -3	乙 -4
2	黑 H- 卣 -5-6	失蜡	边 -3	角 -3
3	黑 P- 觯 -5-6	范铸	角 -3	角 -3
4	黑 P- 觯 -5-6	范铸	角 -3	角 -3
5	黑 H- 卣 -5-6	范铸	山 -4	边 -3
6	黑 P- 觯 -5-6	范铸	角 -3	角 -3
7	红 Y- 爵 -8-6	失蜡	角 -3	乙 -4
8	黑 K- 甗 -5-5	分铸	角 -3	块 -2
9	黑 C- 簋 -5-5	分铸	角 -3	块 -2
10	黑 F- 斝 -4-6	失蜡	边 -3	角 -3
11	黑 F- 斝 -4-6	失蜡	边 -3	角 -3
12	红 C- 簋 -7-5	分铸	角 -3	块 -2
13	红 C- 簋 -7-5	分铸	角 -3	块 -2
14	红 C- 簋 -7-5	分铸	角 -3	块 -2
15	红 C- 簋 -7-5	分铸	角 -3	块 -2
16	红 F- 盉 -5-6	范铸	山 -4	角 -3
17	红 F- 盉 -5-6	范铸	山 -4	角 -3

（7）回合一步骤七，统计原料需求见表 4-46。

表 4-46　　　　　　　　　　　　原料统计（回合一）

序号	名称	件数	块数
2	块 -2	6	12
3	边 -3	5	15
4	角 -3	18	54
5	乙 -4	2	8
6	山 -4	3	12
7	刀 -4	0	0
8	田 -4	0	0
总数		34	101

（8）回合一步骤八，匹配原料库存，此时原料库为 0；得到原料供应见表 4-47。

表 4-47　　　　　　　　　　　　原料供给（回合一）

序号	名称	件数	块数
2	块 -2	6	12
3	边 -3	5	15
4	角 -3	18	54
5	乙 -4	2	8
6	山 -4	3	12
7	刀 -4	0	0
8	田 -4	0	0
总数		34	101
调节参数		n=1	m=1
原料费用	135		

（9）回合一步骤九，组织七天生产情况见表 4-48。

表 4-48　　　　　　　　　　　　生产（回合一）

1 工序一	原料一	原料二	成品		
失蜡	边 -3	乙 -4	黑 Y- 角 -6-6		
分铸	角 -3	块 -2	黑 K- 甗 -5-5		
范铸	边 -3	角 -3	黑 H- 卣 -5-6		

177

（续表）

1 工序二	成品 A	成品 B	成品 C	成品 D	成品 E
炉					
灶					
窑					
2 工序一	原料 A	原料 B	成品		
失蜡	山 -4	边 -3	黑 H- 卣 -5-6		
分铸	角 -3	块 -2	黑 C- 簋 -5-5		
范铸	角 -3	角 -3	黑 P- 觯 -5-6		
2 工序二	成品 A	成品 B	成品 C	成品 D	成品 E
炉					
灶	黑 Y- 角 -6-6	黑 K- 甗 -5-5	黑 H- 卣 -5-6		
窑					
3 工序一	原料 A	原料 B	成品		
失蜡	角 -3	乙 -4	红 Y- 爵 -8-6		
分铸	角 -3	块 -2	红 C- 簋 -7-5		
范铸	角 -3	角 -3	黑 P- 觯 -5-6		
3 工序二	成品 A	成品 B	成品 C	成品 D	成品 E
炉					
灶	黑 H- 卣 -5-6	黑 C- 簋 -5-5	黑 P- 觯 -5-6		
窑					
4 工序一	原料 A	原料 B	成品		
失蜡	山 -4	角 -3	红 F- 盉 -5-6		
分铸	角 -3	块 -2	红 C- 簋 -7-5		
范铸	角 -3	角 -3	黑 P- 觯 -5-6		
4 工序二	成品 A	成品 B	成品 C	成品 D	成品 E
炉					
灶	红 Y- 爵 -8-6	红 C- 簋 -7-5	黑 P- 觯 -5-6		
窑					
5 工序一	原料 A	原料 B	成品		
失蜡	X	X			

（续表）

	分铸	角 -3	块 -2	红 C- 簠 -7-5		
	范铸	边 -3	角 -3	黑 F- 罤 -4-6		
5 工序二		成品 A	成品 B	成品 C	成品 D	成品 E
	炉					
	灶	红 F- 盉 -5-6	红 C- 簠 -7-5	黑 P- 觯 -5-6		
	窑					
6 工序一		原料 A	原料 B	成品		
	失蜡	山 -4	角 -3	红 F- 盉 -5-6		
	分铸	角 -3	块 -2	红 C- 簠 -7-5		
	范铸	边 -3	角 -3	黑 F- 罤 -4-6		
6 工序二		成品 A	成品 B	成品 C	成品 D	成品 E
	炉					
	灶	红 C- 簠 -7-5	黑 F- 罤 -4-6			
	窑					
7 工序一		原料 A	原料 B	成品		
	失蜡					
	分铸					
	范铸					
7 工序二		成品 A	成品 B	成品 C	成品 D	成品 E
	炉					
	灶	红 F- 盉 -5-6	红 C- 簠 -7-5	黑 F- 罤 -4-6		
	窑					
生产收入		2164				
人工费用		170				

（10）回合一步骤十，七天产出情况见表 4-49。

表 4-49　　　　　　　　　　产出（回合一）

序号	产品目录	件数	1	2	3	4	5	6	7
1	黑 9- 匕 -3-5	0	0	0	0	0	0	0	0
2	红 9- 豆 -2-5	0	0	0	0	0	0	0	0
3	黑 0- 甑 -5-5	0	0	0	0	0	0	0	0

（续表）

序号	产品目录	件数	1	2	3	4	5	6	7
4	红 0- 鼎 -9-5	0	0	0	0	0	0	0	0
5	黑 J- 俎 -3-5	0	0	0	0	0	0	0	0
6	红 J- 釜 -4-5	0	0	0	0	0	0	0	0
7	黑 Q- 敦 -4-5	0	0	0	0	0	0	0	0
8	红 Q- 瑥 -5-5	0	0	0	0	0	0	0	0
9	黑 K- 甗 -5-5	1	0	1	0	0	0	0	0
10	红 K- 鬲 -6-5	0	0	0	0	0	0	0	0
11	黑 C- 簠 -5-5	1	0	0	1	0	0	0	0
12	红 C- 簋 -7-5	4	0	0	0	1	1	1	1
13	黑 D- 勺 -3-6	0	0	0	0	0	0	0	0
14	红 D- 卮 -2-6	0	0	0	0	0	0	0	0
15	黑 F- 斝 -4-6	2	0	0	0	0	0	1	1
16	红 F- 盉 -5-6	2	0	0	0	0	1	0	1
17	黑 H- 卣 -5-6	2	0	1	1	0	0	0	0
18	红 H- 瓿 -6-6	0	0	0	0	0	0	0	0
19	黑 O- 尊 -7-6	0	0	0	0	0	0	0	0
20	红 O- 罍 -4-6	0	0	0	0	0	0	0	0
21	黑 P- 觯 -5-6	3	0	0	1	1	1	0	0
22	红 P- 觚 -4-6	0	0	0	0	0	0	0	0
23	黑 Y- 角 -6-6	1	0	1	0	0	0	0	0
24	红 Y- 爵 -8-6	1	0	0	0	1	0	0	0

（11）回合一步骤十一，运货情况见表 4-50。

表 4-50　　　　　　　　　运货（回合一）

序号	辐之一	辐之二	单次运价	乘之一	单次运价
1 次	红 C- 簋 -7-5 红 C- 簋 -7-5 红 C- 簋 -7-5	红 C- 簋 -7-5 黑 F- 斝 -4-6 黑 F- 斝 -4-6	8	黑 K- 甗 -5-5 黑 C- 簠 -5-5	6
2 次	红 F- 盉 -5-6 红 F- 盉 -5-6 黑 H- 卣 -5-6	黑 H- 卣 -5-6 黑 Y- 角 -6-6 红 Y- 爵 -8-6	16		12

(续表)

序号	辀之一	辀之二	单次运价	乘之一	单次运价
3 次		黑 P- 觯 -5-6 黑 P- 觯 -5-6 黑 P- 觯 -5-6	24		
运费			72		6

（12）回合一步骤十二，最终积分见表 4-51。

表 4–51　　　　　　　　　　积分（回合一）

阶段	类别	积分
回合初	初始金数	8 419
布局	购置费用	2 760
供应	原料费用	135
生产	生产收入	2 164
	人工费用	170
仓储	原料库存	0
	成品库存	0
交货	运输费用	78
回合末	回合盈利	-979
	当前金数	7 440

第二回合黑色产品价值 ×3，红色产品价值 ×5。

（1）回合二步骤一，构成情况见表 4-52。

表 4–52　　　　　　　　　　构成（回合二）

种类	选择	能力/限制	购置价格
仓库	房 - 原料	30 块	300
	屋 - 成品	8 件	320
	仓 - 原料	36 块	360
	库 - 原料	44 块	440
车马	乘 / 辀 / 辐	2 /3/3 件	220
设备	炉 / 灶 / 窑	2/2-3 /3-4-5 件	1 000
工人	失蜡 / 分铸 / 范铸	6 天 / 一种 / 无	120
车马（新增）	乘		40
设备（新增）			
工人（新增）	分铸	一种	50

工人薪酬变为 50/ 周。

（2）回合二步骤二，布局情况如图 4-19 所示。

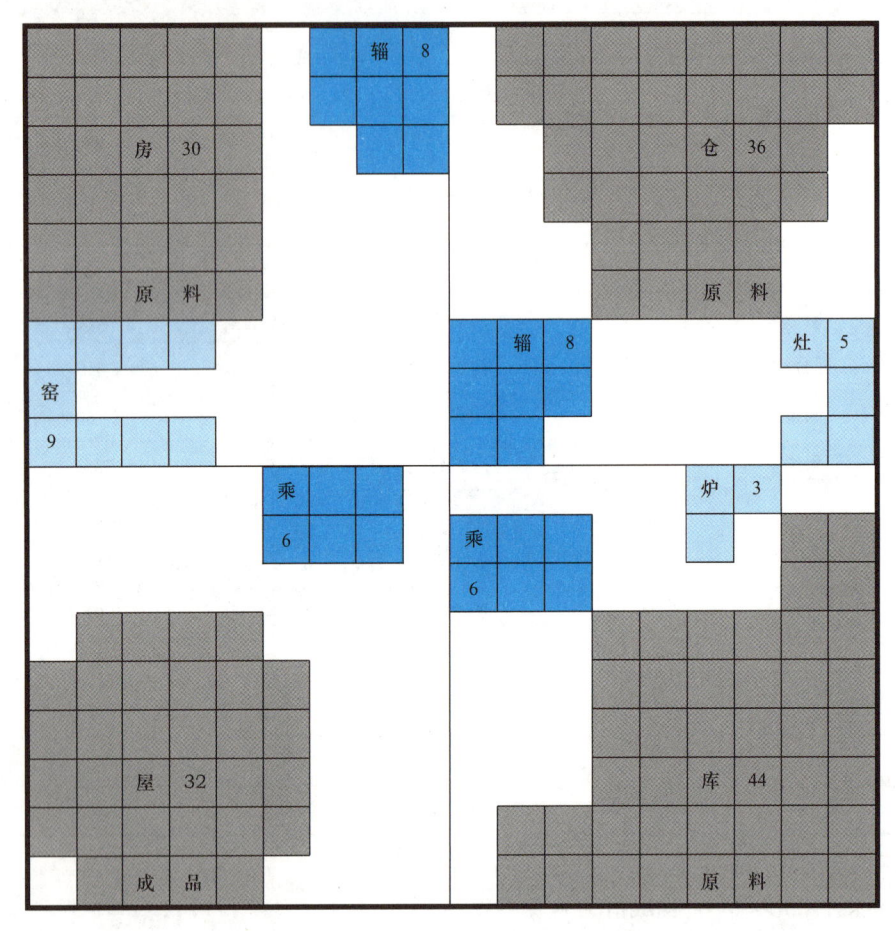

图 4-19　布局（回合二）

（3）回合二步骤三，选单情况见表 4-53（a）。

表 4-53（a）　　　　　　　　选单（回合二）

序号	名称	价值	块数	价值次序
1	黑 9- 匕 -3-5	45	5	×
2	黑 Y- 角 -6-6	108	6	15
3	红 O- 畾 -4-6	120	6	10
4	红 P- 瓡 -4-6	120	6	10
5	黑 F- 睪 -4-6	72	6	21
6	红 K- 鬲 -6-5	150	5	4
7	红 P- 瓡 -4-6	120	6	10

（续表）

序号	名称	价值	块数	价值次序
8	红 K- 鬲 -6-5	150	5	4
9	红 Y- 爵 -8-6	240	6	1
10	红 0- 鼎 -9-5	225	5	3
11	红 O- 罍 -4-6	120	6	10
12	红 O- 罍 -4-6	120	6	10
13	红 Q- 盨 -5-5	125	5	8
14	黑 Y- 角 -6-6	108	6	15
15	黑 C- 簠 -5-5	75	5	18
16	红 F- 盉 -5-6	150	6	4
17	黑 D- 勺 -3-6	54	6	22
18	黑 H- 卣 -5-6	90	6	17
19	黑 O- 尊 -7-6	126	6	7
20	红 Q- 盨 -5-5	125	5	8
21	黑 D- 勺 -3-6	54	6	22
22	黑 C- 簠 -5-5	75	5	18
23	红 Y- 爵 -8-6	240	6	1
24	黑 0- 甑 -5-5	75	5	20

筛选后，选择订单见表 4-53（b）。

表 4-53（b）　　　　　　选单（回合二）

序号	名称	价值	块数	原料需求累计
1	红 Y- 爵 -8-6	240	6	6
2	红 Y- 爵 -8-6	240	6	12
3	红 0- 鼎 -9-5	225	5	17
4	红 K- 鬲 -6-5	150	5	22
5	红 K- 鬲 -6-5	150	5	27
6	红 F- 盉 -5-6	150	6	33
7	黑 O- 尊 -7-6	126	6	39
8	红 Q- 盨 -5-5	125	5	44
9	红 Q- 盨 -5-5	125	5	49

（续表）

序号	名称	价值	块数	原料需求累计
10	红 P- 觚 -4-6	120	6	55
11	红 O- 罍 -4-6	120	6	61
12	红 O- 罍 -4-6	120	6	67
13	红 O- 罍 -4-6	120	6	73
14	红 P- 觚 -4-6	120	6	79
15	黑 Y- 角 -6-6	108	6	85
16	黑 Y- 角 -6-6	108	6	91
17	黑 H- 卣 -5-6	90	6	97
18	黑 C- 簠 -5-5	75	5	102
19	黑 C- 簠 -5-5	75	5	107
黑	6	582	34	
红	13	2005	73	
总数	19	2587	107	

此时失蜡至多安排三天。

（4）回合二步骤四，库存匹配，此时成品库为 0。

（5）回合二步骤五，确定生产任务见表 4-54。

表 4-54　　　　　　　　　　任务（回合二）

序号	名称	价值	块数
1	红 Y- 爵 -8-6	240	6
2	红 Y- 爵 -8-6	240	6
3	红 0- 鼎 -9-5	225	5
4	红 K- 鬲 -6-5	150	5
5	红 K- 鬲 -6-5	150	5
6	红 F- 盉 -5-6	150	6
7	黑 O- 尊 -7-6	126	6
8	红 Q- 甗 -5-5	125	5
9	红 Q- 甗 -5-5	125	5
10	红 P- 觚 -4-6	120	6
11	红 O- 罍 -4-6	120	6
12	红 O- 罍 -4-6	120	6

（续表）

序号	名称	价值	块数
13	红 O- 罍 -4-6	120	6
14	红 P- 觚 -4-6	120	6
15	黑 Y- 角 -6-6	108	6
16	黑 Y- 角 -6-6	108	6
17	黑 H- 卣 -5-6	90	6
18	黑 C- 簠 -5-5	75	5
19	黑 C- 簠 -5-5	75	5
黑	6	582	34
红	13	2005	73
总数	19	2587	107

（6）回合一步骤六，按工艺路线分解生产任务，得到原料需求详情见表 4-55。

表 4–55　　　　　　　　　　原料需求（回合二）

序号	名称	工艺	原料一	原料二
1	红 Y- 爵 -8-6	分铸	角 -3	角 -3
2	红 Y- 爵 -8-6	分铸	角 -3	角 -3
3	红 O- 鼎 -9-5	失蜡	块 -2	山 -4
4	红 K- 鬲 -6-5	分铸	块 -2	角 -3
5	红 K- 鬲 -6-5	分铸	块 -2	角 -3
6	红 F- 盉 -5-6	分铸	块 -2	山 -4
7	黑 O- 尊 -7-6	分铸	块 -2	刀 -4
8	红 Q- 盨 -5-5	分铸	块 -2	角 -3
9	红 Q- 盨 -5-5	分铸	块 -2	角 -3
10	红 P- 觚 -4-6	分铸	块 -2	乙 -4
11	红 O- 罍 -4-6	范铸	角 -3	角 -3
12	红 O- 罍 -4-6	范铸	角 -3	角 -3
13	红 O- 罍 -4-6	范铸	角 -3	角 -3
14	红 P- 觚 -4-6	分铸	块 -2	乙 -4
15	黑 Y- 角 -6-6	失蜡	角 -3	乙 -4
16	黑 Y- 角 -6-6	失蜡	角 -3	乙 -4

（续表）

序号	名称	工艺	原料一	原料二
17	黑 H- 卣 -5-6	范铸	边 -3	角 -3
18	黑 C- 簠 -5-5	分铸	块 -2	角 -3
19	黑 C- 簠 -5-5	分铸	块 -2	角 -3

（7）回合二步骤七，统计原料需求见表 4-56。

表 4-56　　　　　　　　　　原料统计（回合二）

序号	名称	件数	块数
2	块 -2	13	26
3	边 -3	1	3
4	角 -3	15	45
5	乙 -4	6	24
6	山 -4	2	8
7	刀 -4	1	4
8	田 -4	0	0
总数		38	110

（8）回合二步骤八，匹配原料库存，此时原料库为 0。

得到原料供应见表 4-57。

表 4-57　　　　　　　　　　原料供应（回合二）

序号	名称	件数	块数
2	块 -2	13	26
3	边 -3	1	3
4	角 -3	15	45
5	乙 -4	6	24
6	山 -4	2	8
7	刀 -4	1	4
8	田 -4	0	0
总数		38	110
调节参数		n=2	m=1
原料费用	186		

（9）回合二步骤九，组织七天生产情况见表4-58。

表 4–58　　　　　　　　　　生产（回合二）

1 工序一	原料一	原料二	成品		
失蜡	块-2	山-4	红O-鼎-9-5		
分铸	块-2	角-3	红K-鬲-6-5		
范铸	角-3	角-3	红O-罍-4-6		
分铸	块-2	乙-4	红Y-爵-8-6		
1 工序二	成品A	成品B	成品C	成品D	成品E
炉					
灶					
窑					
2 工序一	原料A	原料B	成品		
失蜡	角-3	乙-4	黑Y-角-6-6		
分铸	块-2	角-3	红K-鬲-6-5		
范铸	角-3	角-3	红O-罍-4-6		
分铸	块-2	乙-4	红Y-爵-8-6		
2 工序二	成品A	成品B	成品C	成品D	成品E
炉					
灶					
窑	红O-鼎-9-5	红K-鬲-6-5	红O-罍-4-6	红Y-爵-8-6	
3 工序一	原料A	原料B	成品		
失蜡	角-3	乙-4	黑Y-角-6-6		
分铸	块-2	角-3	红Q-瘟-5-5		
范铸	角-3	角-3	红O-罍-4-6		
分铸	块-2	山-4	红F-盉-5-6		
3 工序二	成品A	成品B	成品C	成品D	成品E
炉					
灶					
窑	黑Y-角-6-6	红K-鬲-6-5	红O-罍-4-6	红Y-爵-8-6	
4 工序一	原料A	原料B	成品		
失蜡					

（续表）

分铸	块-2	角-3	红Q-盨-5-5		
范铸	边-3	角-3	黑H-卣-5-6		
分铸	块-2	刀-4	黑O-尊-7-6		
4工序二	成品A	成品B	成品C	成品D	成品E
炉					
灶					
窑	黑Y-角-6-6	红Q-盨-5-5	红O-罍-4-6	红F-盉-5-6	
5工序一	原料A	原料B	成品		
失蜡	X	X			
分铸	块-2	角-3	黑C-簠-5-5		
范铸					
分铸	块-2	乙-4	红P-觚-4-6		
5工序二	成品A	成品B	成品C	成品D	成品E
炉					
灶	红Q-盨-5-5	黑H-卣-5-6	黑O-尊-7-6		
窑					
6工序一	原料A	原料B	成品		
失蜡					
分铸	块-2	角-3	黑C-簠-5-5		
范铸					
分铸	块-2	乙-4	红P-觚-4-6		
6工序二	成品A	成品B	成品C	成品D	成品E
炉					
灶	红C-簠-7-5	黑F-斝-4-6			
窑					
7工序一	原料A	原料B	成品		
失蜡					
分铸					
范铸					
分铸					

（续表）

7工序二	成品 A	成品 B	成品 C	成品 D	成品 E
炉					
灶	黑 C- 篁 -5-5	红 P- 觚 -4-6	红 P- 觚 -4-6	黑 C- 篁 -5-5	
窑					
生产收入	2587				
人工费用	195				

（10）回合二步骤十，七天产出情况见表 4-59。

表 4-59　　　　　　　　　产出（回合二）

序号	产品目录	件数	1	2	3	4	5	6	7
1	黑 9- 匕 -3-5	0	0	0	0	0	0	0	0
2	红 9- 豆 -2-5	0	0	0	0	0	0	0	0
3	黑 0- 甂 -5-5	0	0	0	0	0	0	0	0
4	红 0- 鼎 -9-5	1	0	1	0	0	0	0	0
5	黑 J- 俎 -3-5	0	0	0	0	0	0	0	0
6	红 J- 釜 -4-5	0	0	0	0	0	0	0	0
7	黑 Q- 敦 -4-5	0	0	0	0	0	0	0	0
8	红 Q- 盨 -5-5	2	0	0	0	1	1	0	0
9	黑 K- 甗 -5-5	0	0	0	0	0	0	0	0
10	红 K- 鬲 -6-5	2	0	1	1	0	0	0	0
11	黑 C- 篁 -5-5	2	0	0	0	0	0	0	2
12	红 C- 篦 -7-5	0	0	0	0	0	0	0	0
13	黑 D- 勺 -3-6	0	0	0	0	0	0	0	0
14	红 D- 卮 -2-6	0	0	0	0	0	0	0	0
15	黑 F- 斝 -4-6	0	0	0	0	0	0	0	0
16	红 F- 盉 -5-6	1	0	0	0	1	0	0	0
17	黑 H- 卣 -5-6	1	0	0	0	0	1	0	0
18	红 H- 瓿 -6-6	0	0	0	0	0	0	0	0
19	黑 O- 尊 -7-6	1	0	0	0	0	1	0	0
20	红 O- 罍 -4-6	3	0	1	1	1	0	0	0
21	黑 P- 觯 -5-6	0	0	0	0	0	0	0	0

（续表）

序号	产品目录	件数	1	2	3	4	5	6	7
22	红 P-瓠-4-6	2	0	0	0	0	0	0	2
23	黑 Y-角-6-6	2	0	0	1	1	0	0	0
24	红 Y-爵-8-6	2	0	1	1	0	0	0	0

（11）回合二步骤十一，运货情况见如表 4-60。

表 4-60　　　　　　　　运货（回合二）

序号	辋之一	辋之二	单次运价	乘之一	乘之二	单次运价
1次	红 Q-盨-5-5 红 F-盉-5-6 红 Q-盨-5-5	红 K-鬲-6-5 红 K-鬲-6-5 黑 H-卣-5-6	8	红 O-鼎-9-5 黑 C-簠-5-5	黑 O-尊-7-6 红 O-罍-4-6	6
2次	红 P-瓠-4-6 黑 Y-角-6-6 红 Y-爵-8-6	红 P-瓠-4-6 黑 Y-角-6-6 红 Y-爵-8-6	16	红 O-罍-4-6 红 O-罍-4-6	黑 C-簠-5-5	12
运费			48			36

（12）回合二步骤十二，最终积分见表 4-61。

表 4-61　　　　　　　　积分（回合二）

阶段	类别	积分
回合初	初始金数	7 330
布局	购置费用	110
供应	原料费用	186
生产	生产收入	2 587
生产	人工费用	195
仓储	原料库存	0
仓储	成品库存	0
交货	运输费用	84
回合末	回合盈利	2 012
回合末	当前金数	9 452

使用说明

一、进程控制

1. 第一阶段：先修课程

（1）相关知识。参与者应学习"管理学原理""生产与运作管理""运筹学"等课程的部分相关章节。

（2）感性认识。或对企业生产环节有基本认识，有一定数学基础。

2. 第二阶段：实验准备

（1）人员分组。建议"饕餮"单人、"天成"两人、"匠心"三人成组，随机分组即可；也可动态分组，如"天成"（按"饕餮"的积分蛇形排列，两两组合，确保积分相对接近），"匠心"（可以按"天成"的积分，淘汰积分较低的几组，重组在积分较高的几组）。

（2）道具准备。事先印制相应的道具、表格。"饕餮"需要"器物牌"和每张六回合的"表格"一份；"天成"需要"器物牌""库房图"和每张两回合的"表格"一份；"匠心"需要"产品牌""布局图"和三张一回合"表格"一份；"库房图""布局图""表格"每组一份即可，"器物牌""产品牌"应与人数/组数相匹配。

3. 第三阶段：讲解示范

（1）规则讲解。按"规则"课件进行，其中"天成""匠心"所需时间略长，可视情况分为两个阶段讲解；要强调对"生产经营"过程模拟的基本逻辑是突出和简化，允许参与者讨论和提问，使参与者能够尽快理解规则。

（2）操作示范。按"实例"课件进行，可视情况与规则讲解同时进行；要强调思考和行动的关系，避免纠结于规则以及执行中的错误。

4. 第四阶段：模拟运行

（1）行动纪律。实验采用"回合制"，需要参与者在有限的时间内"单独行动"，以及在特定环节"集体行动"，要强调思考时间和行动时间的快速有效，避免进程拖沓。

（2）核心循环。在参与者不断重复的过程中，个别指导与集体指导相结合，纠正常见的错误认识和执行中的失误行为，引导其在正常的行动层面完成实验。

5. 第五阶段：评定总结

（1）计分排名。实验结果按积分即可排名，应重点奖励表现优异的参与者，同时鼓励而非惩罚表现较差的参与者。

（2）表现总结。要求每组或一些参与者陈词总结；对遵守规则、尊重对手的行为表示肯定；对积分较高/较低的原因进行点评。

6. 第六阶段：实验结束

（1）收取记录用的表格，可以此作为成绩评定的依据。

（2）反思实验中出现的特定状况，对不良影响予以处理；整理实验所用数据，对不当之处予以标记。

二、要点指导

1. 建议实验先按照基本规则进行，可以在随后的回合中适当调整和变化。

2. 实验准备阶段。要充分考虑参与者状况，备齐所需的道具、表格、数据等。

3. 讲解示范阶段。要提醒参与者多关注生产经营过程模拟的内在逻辑，避免其对规则的过度质疑；引导、说明、演示简练有效，避免误导参与者。

4. 模拟运行阶段。要强调参与者要能够依据对所处局面合理判断实施恰当的行动方案，避免对积分的盲目追求。

5. 评定总结阶段。要有以积分排名的形式并祝贺优胜者，重点在对参与者总结的点评，对常见失误、常规做法以及特定行为分别评价。

6. 实验结束阶段。要详细评阅记录表格，反思和总结实验中出现的问题。